AF469110

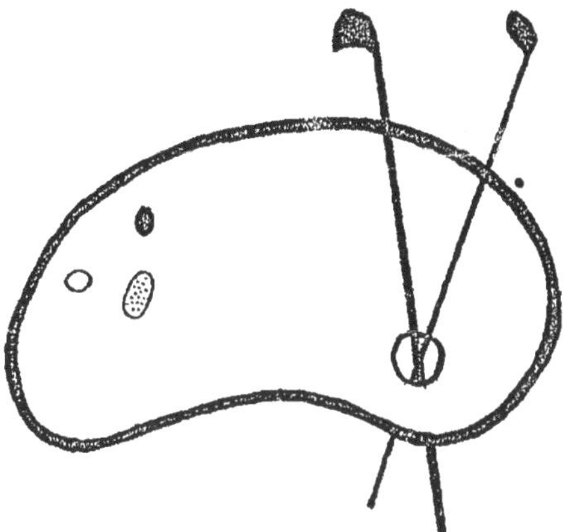

2e ÉDITION

LA GUERRE EUROPÉENNE
&

La Doctrine Pangermaniste

PAR

GEORGES BLONDEL
Professeur à l'École des Sciences Politiques.

LIBRAIRIE CHAPELOT
1915

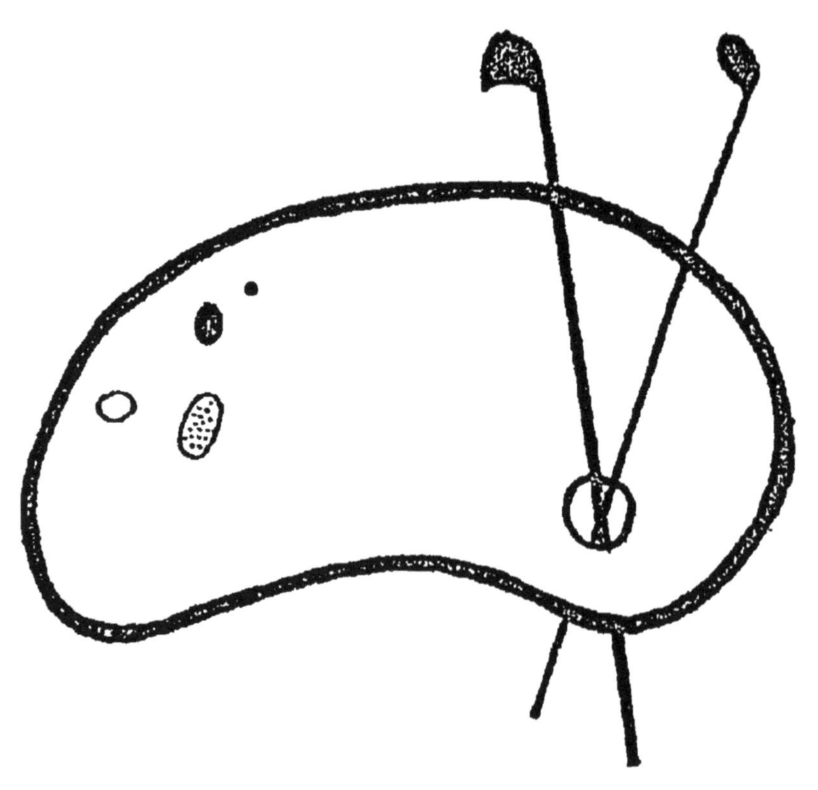

FIN D'UNE SERIE DE DOCUMENTS
EN COULEUR

La Doctrine Pangermaniste

OUVRAGES DE M. GEORGES BLONDEL

L'Enseignement du droit dans les Universités Allemandes. Paris, Le Soudier, 1885, 88 p. gr. in-8. . . . . 3 fr.

Étude sur la politique de l'Empereur Frédéric II et les transformations de la constitution allemande. Paris, Picard, 1892, XLVI, 463 p. gr. in-8. . . . . 7 fr. 50

Etudes sur les populations rurales de l'Allemagne et la crise agraire (avec 9 cartes et plans), Paris, Larose, 1897, XII-522 pages (traduit en allemand et en russe) . . . . . . 12 fr.

L'Essor industriel et commercial du peuple allemand, 3e édition refondue, Paris, Larose, 1900 XX-501 pages, in-12 (trad. en japonais). . . . . 5 fr.

La France et le marché du monde. Paris, Larose, 1901, XI-164 p. in-12 . . . . 2 fr. 50

La situation économique comparée de la France et de l'étranger. Paris, Lecoffre 1903, VI-45 p. in-12. . . . . . 0 fr. 40

La politique protectionniste en Angleterre. Paris, Lecoffre 1904, XV-163 p. in-12. . . . . 2 fr.

L'éducation économique du peuple allemand. Paris, Larose, 2e édit. 1909. XXIV-160 p. in-12. (Traduit en espagnol). 2 fr. 50

Les Embarras de l'Allemagne. Paris, Plon, 6e édition remaniée 1912, VIII-316 p. in-12. . . . . 3 fr. 50

L'Épuisement de l'Allemagne et le devoir actuel de la France. Paris, Tenin, 1915, VII-97 p. petit in-8 . . 1 fr. 50

2ᵉ ÉDITION

LA GUERRE EUROPÉENNE
&

La Doctrine Pangermaniste

PAR

Georges BLONDEL

Professeur à l'École des Sciences Politiques.

PARIS
LIBRAIRIE CHAPELOT
MARC IMHAUS ET RENÉ CHAPELOT, ÉDITEURS
30, Rue Dauphine, VIᵉ — (Même Maison à NANCY)
1915

AVANT-PROPOS

Notre attention a été souvent attirée au cours des siècles par certains hommes dont l'ambition a eu des conséquences funestes pour le progrès de l'humanité. Mais jamais peuple ne nous a offert le spectacle d'une ambition collective comparable à celle qui s'est emparée de l'esprit des Allemands, jamais race humaine n'a été animée d'une pareille soif de conquête, d'une aussi effrayante passion d'hégémonie.

Le phénomène pathologique dont nous sommes actuellement les témoins, expose le monde à de formidables dangers. Il est la cause fondamentale de la guerre d'extermination qui met aujourd'hui aux prises des millions d'êtres humains, qui fait des ruines irréparables, qui provoque les pires atrocités et qui laissera derrière elle, quelle que soit l'issue de la lutte, des ferments de haine qui porteront longtemps leurs fruits.

C'est sous l'influence de conceptions diverses, quelques-unes remontant très loin dans le passé, que se sont développées les ambitions de la race germanique. La plus importante de ces conceptions est celle qu'on appelle la doctrine pangermaniste. Le présent volume a pour but d'en rechercher les origines et d'en montrer la portée.

Nous souhaitons qu'il aide quelques bons Français à mieux comprendre la gravité de la lutte engagée et la grande leçon de choses qui s'en dégage. Puisse-t-il aussi leur inspirer le désir de s'adapter, avec méthode, courage et persévérance aux devoirs que nous imposent dès maintenant les changements qui se préparent.

20 mai 1915

CHAPITRE I

L'ALLEMAGNE D'AUTREFOIS. SON ÉVOLUTION VERS L'UNITÉ

Pour bien comprendre l'importance de la doctrine pangermaniste, il est nécessaire de faire un retour sur le passé, et de montrer comment et pourquoi elle a agi si profondément sur le cerveau des Allemands.

Les premiers écrivains qui nous parlent des peuples germaniques avec quelque exactitude, César et Tacite, nous laissent entendre que les Germains étaient des hommes violents, ne s'intéressant qu'à la chasse et à la guerre, détestant la paix et méprisant les arts. Les Germains, dit César, ne regardaient pas comme une honte les brigandages qu'ils exerçaient même entre eux hors des limites de leur propre territoire. (1) Tacite nous apprend qu'ils étaient perpétuellement sur le pied de guerre, et admettaient comme un principe le droit d'occuper la terre dans la mesure où cela était conforme à leurs besoins. Leurs chefs, ajoute-t-il, n'hésitaient pas à se saisir par la force de ce qu'ils ne pouvaient obtenir autrement.

L'arrivée des Germains dans l'Europe occidentale n'a pas seulement bouleversé le monde romain, elle a mis en lumière cette prédisposition au pillage qui, à toutes les époques de l'histoire, a été le trait caractéristique des Teutons.

Grégoire de Tours parle plusieurs fois des instincts malfaisants et grossiers des hommes venus d'outre-Rhin, hommes sans respect pour la parole jurée, sans pitié pour le vaincu, sans foi envers la femme, l'enfant, le faible.

Pendant les Croisades, les Allemands se signalèrent par leur rudesse. L'histoire du Moyen âge allemand est pleine de brutalités analogues à celles dont les populations de la Belgique et du nord de la France viennent

(1) Il a caractérisé par un mot indélébile, qui paraît aujourd'hui plus vrai qu'il ne l'a jamais été, le contraste entre Germains et Gaulois : *Germani ad prœdam pugnabant, Galli pro libertate.*

d'être victimes. C'était par la force, par le droit du poing, le *Faustrecht* comme on disait, que les Allemands règlaient le plus souvent les différends qu'ils avaient constamment les uns avec les autres.

Leur âpreté pour le gain était proverbiale.

« Alemant, dit Froissart, sont convoitous et ne font riens, se li denier ne vont premièrement devant, car ce sont gens moult convoitous. » (1)

L'historien Giesebrecht (2) avoue lui-même en parlant de l'Allemagne du Moyen âge que l'amour de la richesse s'était transformé en une « insatiable cupidité ». L'argent, ajoute-t-il, « commença alors à exercer une puissance irrésistible sur les cœurs allemands ».

Au point de vue politique l'Allemagne offrait le spectacle d'une profonde désunion. Elle paraissait même réfractaire à l'idée que de bonne heure nous avons eue en France, d'une nation, c'est-à-dire d'une association d'hommes vivant sous un gouvernement commun, soumis aux mêmes obligations et jouissant des mêmes droits. C'était sans doute sur la tête d'un prince allemand que la dignité impériale s'était per-

(1) *Chroniques de Froissart*. (Ed. Siméon Luce), 1869, T. I, p. 395.
(2) *Geschichte der deutschen Kaiserzeit*. T. II, p. 11, s.

pétuée, mais le saint Empire Romain n'était, en réalité, qu'une institution de surface. Comme le disait justement Voltaire, il n'était ni Saint, ni Empire, ni Romain. Saint, il n'avait jamais eu que la prétention de l'être. Romain, il ne l'était devenu que dans le but d'opprimer Rome. Empire, il ne le fut que très imparfaitement et ne l'était vraiment plus au XVIIIe siècle.

Les Allemagnes, comme on disait à cette époque, ne présentaient même plus les cadres d'un état et les institutions impériales n'étaient que des formes vides. L'empereur portait en ses mains le globe terrestre, mais ce globe n'était qu'un hochet; il tenait la main de justice, signe du droit, et l'épée signe de la force, mais sa dignité n'était qu'un titre honorifique : il n'était en réalité que le simulacre d'un souverain. L'anarchie régnait partout, tout était local et particulier. Les traités de Westphalie qui avaient mis fin à la guerre de Trente ans avaient d'ailleurs rendu impossible l'unité du pays, l'antagonisme entre les états ayant été, en quelque sorte, érigé en loi de l'Empire (1).

(1) B. Auerbach, *La France et le Saint Empire romain germanique depuis la paix de Westphalie jusqu'à la Révolution*. Paris 1912. Cf. J. Bryce. *Le Saint Empire romain germanique et l'Empire actuel d'Allemagne*. Paris 1890, et la préface de M. E. Lavisse.

Un des principaux seigneurs de l'Allemagne du Nord, un de ces sept électeurs qu'on appelait pompeusement les sept flambeaux de l'Empire, avait pourtant su profiter des déchirements occasionnés par les luttes religieuses, pour jouer un rôle considérable. Après avoir acquis les anciens domaines des chevaliers de l'ordre teutonique, l'électeur de Brandebourg avait eu l'habileté de se poser dans le cercle des états germaniques, comme le chef du protestantisme. L'ancienne « marche », devenu royaume en 1701, prit entre les mains des Hohenzollern une certaine importance. Le « Grand électeur » avait déjà, à l'époque de Louis XIV, attiré sur lui l'attention de l'Europe. Ses successeurs bénéficièrent de son habileté.

La contrée sur laquelle ils régnaient était peu fertile. Elle fut sollicitée avec acharnement par ses habitants. Nous devons reconnaitre aujourd'hui que la nature marâtre, le mot est de Voltaire, au milieu de laquelle vivaient les Prussiens, fut en définitive une cause de force pour les hommes qui y demeuraient. Ils devinrent rudes comme le climat, âpres comme le vent qui soufflait à travers les sapins, endurants à la peine, opiniâtres à en garder le fruit.

Organisée comme un régiment, habituée à

vivre de l'épée et par l'épée, la Prusse eut, en outre, la bonne fortune de trouver, au moment opportun, un souverain d'un esprit très délié, guerrier, diplomate et philosophe, qui sut avec beaucoup d'adresse voler les provinces et les conserver. Frédéric II se posa comme le champion du protestantisme pour combattre l'Autriche catholique. C'est à lui que remonte ce projet d'une *Confédération des Princes* qui devait être l'idée maîtresse de la politique prussienne et le principal levier de la Prusse dans le dessein qu'elle avait formé de s'emparer de l'Allemagne.

« L'ambition de la Prusse, écrivit un jour Voltaire à Frédéric, doit être de représenter la race allemande entre la race Slave et la race Romano-Celte ».

Les quatre grandes guerres qu'entreprit Frédéric n'eurent pas seulement pour objet les extensions territoriales jugées nécessaires à ses plans. Leur but essentiel fut de faire de la Prusse le pivot d'un nouvel empire germanique. L'un des confidents du souverain, le général de Winterfeldt, qui avait joué un rôle important dans la guerre de sept ans, croyait pouvoir soutenir (c'était au mois de mai 1757), qu'en moins de deux ans on verrait la constitution de l'Empire transformée et Frédéric sur le trône des Césars allemands.

Mais les états secondaires se défiaient de la Prusse. Ils n'aimaient ni son gouvernement militaire, ni sa politique envahissante, ni l'âpreté de ses procédés. Ils cherchaient avant tout, quand ils en avaient besoin, à se servir d'elle contre l'Autriche. Deux passions dominaient ces princes égoïstes : l'esprit d'autonomie et l'avidité. Ils s'imaginaient d'ailleurs que le meilleur moyen de contenir l'Autriche et la Prusse était de les imiter, c'est-à-dire de s'agrandir.

La Révolution française ne changea pas leurs idées, ils ne virent là qu'une occasion d'arrondir leurs domaines. La Prusse elle-même consacra le principe du démembrement de l'Allemagne en souscrivant à la cession de la rive gauche du Rhin, sous réserve d'indemnités qui devaient être fournies par la sécularisation des territoires ecclésiastiques de la rive droite. L'avidité des princes allemands les conduisit à se dépouiller les uns des autres. La France, dit fort bien Albert Sorel, n'eut, pour les dominer, qu'à les livrer à leurs convoitises. (1)

Il faut cependant reconnaître que si l'Alle-

(1) *L'Europe et la Révolution française*, p. 400, suiv.

magne offrait au XVIIIe siècle le spectacle de l'anarchie, les mots de « patrie » et de « patriote » avaient aussi fait leur apparition dans les correspondances diplomatiques et dans certains manifestes. C'est en demandant à ses soldats de chasser l'étranger « de la chère patrie allemande » que Marie-Thérèse essaya, en 1742, de soulever les Allemands contre les Français qui s'étaient engagés en Bohême, et on voit, en 1769, l'Autriche et la Prusse rivaliser sur l'article « patriotisme ».

Ce fut le chef de l'état le moins allemand de l'Allemagne, le prince le plus étranger par ses goûts, son caractère et son éducation à la civilisation germanique, qui contribua le plus à réveiller chez les Allemands l'orgueil national. Ce fut une des principales habiletés de Frédéric II (encouragé par les éloges que lui prodiguaient les beaux esprits du siècle), d'associer à ses visées ambitieuses, ces préoccupations patriotiques qui firent un jour dire à Mirabeau : « Frédéric II a conçu l'idée et l'espoir de devenir un grand homme en se faisant Allemand. » L'idée d'une Allemagne unifiée commença à pénétrer dans quelques esprits, et parmi les nombreuses brochures qui, à la fin du XVIIIe siècle, demandaient, en Allemagne comme en France, des réformes, beaucoup signalèrent comme un danger le morcellement du pays. (1)

En créant la Confédération du Rhin, en 1806, Napoléon 1er contribua puissamment a donner aux Allemands la cohésion qui leur faisait défaut. « L'agglomération des Allemands, disait-il un jour à Saint-Hélène, se faisait bien lentement, j'ai simplifié leur monstrueux assemblage. Cette agglomération arrivera tôt ou tard par la force des choses. Je ne pense pas qu'il y ait maintenant en Europe d'autre équilibre possible que l'agglomération et la confédération des grands peuples ».

La guerre que les Allemands firent à Napoléon en 1813 et qu'ils appellent la guerre de délivrance, *Befreiungskrieg*, donna une grande force aux sentiments patriotiques ; et après 1815, on voit peu à peu la Prusse, bien qu'elle eut accepté de se soumettre à l'Autriche, reprendre le programme de Frédéric II et préparer les éléments de sa future suprématie. Elle eut

(1) Samuel Puffendorf que les Allemands considèrent comme le fondateur de leur droit public avait déjà, sous le pseudonyme de Séverin de Mozambano, prétendu gentilhomme vénitien, parlé d'une Allemagne idéale, puissante par la concentration de ses forces. Plusieurs de ses idées furent reprises dans le livre publié par un français Eléazar Mauvillon, qui fut professeur au Carolinum de Brunswick, *Le Droit public germanique...* 2 vol 1749.

l'habileté de créer à côté de la confédération politique, dont les liens étaient fort lâches, la confédération économique connue sous le nom de *Zollverein*, union douanière qui lui donna la direction des intérêts matériels de l'Allemagne tout entière. Nous la voyons ainsi développer tantôt ouvertement, tantôt secrètement, un mouvement « national » qu'elle était bien décidée en temps opportun à exploiter à son profit.

CHAPITRE II

COMMENT LA PHILOSOPHIE ALLEMANDE A PRÉPARÉ LA VOIE AU PANGERMANISME

Les aspirations « patriotiques » des populations germaniques trouvèrent alors un stimulant dans les doctrines auxquelles s'attachèrent un certain nombre d'écrivains, surtout de philosophes, dont le rôle a été considérable. C'est, en effet, sur des vues philosophiques profondes que repose l'appétit de domination qui nous parait aujourd'hui si monstrueux. Le Pangermanisme est le point d'aboutissement de conceptions anciennes qui se rattachent à ces spéculations à la fois nuageuses et hardies dans lesquelles se plaisent depuis le Moyen âge les cerveaux teutons.

Il y a depuis longtemps en Allemagne, des penseurs qui, sous l'influence d'une sorte de mysticisme inconscient, prétendent qu'il n'y a pas d'absolu, déclarent que l'humanité est à l'état de perpétuel devenir, et font l'éloge de la « poussée intérieure » qui procède, disent-ils, d'un fond originel (Urgrund), et n'a point à se conformer à une règle, car elle est le fruit d'une sorte d'inspiration.

Cette conception apparaît déjà dans les ouvrages des mystiques du Moyen âge, dans les écrits de Maître Eckardt et de Jacob Böhme. Elle se retrouve aussi dans les doctrines de certains Réformateurs (1). Sans doute, au XVIIIe siècle, sous l'influence de nos philosophes français, Kant cherche à établir sur de plus fortes bases, les fondements de la loi morale. Il attache un tel prix au respect de cette loi, qu'il déclare qu'elle doit être placée au-dessus de toutes les considérations d'intérêt national, de préoccupation patriotique, d'accroissement de territoire. (2) Mais Kant a aussi,

(1) Les appels de Luther à la noblesse allemande renferment quelques passages caractéristiques.

(2) La guerre, aux yeux de Kant, était un crime contre le genre humain. Il estimait que les armées permanentes devaient disparaître avec le temps et déclarait qu'aucun Etat indépendant, petit ou grand, ne pouvait être acquis par un autre. On peut trouver

au fond de l'âme, le respect des pouvoirs établis. S'il applaudit à la Révolution française, il s'inspire également de l'esprit de Frédéric le Grand dans son « impératif catégorique ». Et il est permis de soutenir que par un certain tour de sa pensée, il a préparé les forces dialectiques qui ont aidé ses continuateurs à poser les maximes auxquelles les philosophes allemands du XIXe siècle se sont attachés. Il n'est pas douteux, au surplus, que la doctrine de Kant a battu en brèche les vérités fondamentales auxquelles la morale traditionnelle et la civilisation chrétienne s'étaient jusqu'alors attachées (1).

Le pangermanisme, tel que nous allons main-

dans son œuvre la condamnation formelle de l'idéal actuel de l'Allemagne prussifiée. Kant a flétri par avance, non seulement les violations du droit dont l'Allemagne s'est rendue coupable, mais encore les sophismes de ceux qui cherchent à rejeter sur les alliés les responsabilités du conflit actuel.

Cf. sur les idées de Kant, la communication faite par M. E. d'Eichthal à l'Académie des Sciences morales et politiques, le 20 février 1915. V. aussi Camillo Trivero. *Nuova critica della morale Kantiana*, Turin, 1914, et les appréciations de M. Edmond Perrier dans le feuilleton du *Temps* du 2 mai 1915.

(1) M. Perrier estime que la philosophie de Kant a produit un véritable déraillement dans la philosophie allemande. Il est monstrueux de soutenir que les faits doivent se plier devant l'esprit qui ne peut se tromper. Le Kantisme a recouvert d'une draperie chatoyante des conceptions anciennes. Il aide à comprendre cette floraison de mensonges, de fourberies, de trahisons qui nous plonge dans la stupeur. L'inconscience des Allemands en présence de certains actes, et de certaines prétentions est « un signe d'indiscutable barbarie ».

tenant le voir s'élaborer, se rattache à cette idée, essentiellement panthéiste, qui entrevoit la réalisation dans le monde d'un état de choses nouveau, d'un état de choses « divin », pour la constitution duquel il ne faut s'incliner devant aucune des règles antérieurement admises. Dès la fin du XVIIIe siècle, Herder, en dépit de ses tendances humanitaires et pacifiques, mettait en relief l'importance pour l'humanité d'un « peuple d'élite » qui put être un centre de cristallisation capable d'attirer à lui les peuples moins bien doués. S'il se montrait défiant à l'égard de « la paix belliqueuse » et souhaitait un développement harmonieux des nationalités, il était plein d'admiration pour le génie germanique et estimait qu'il était réservé à l'Allemagne de guider l'Europe dans la voie du progrès. L'Allemagne, dit-il expressément, est une nation privilégiée.

Avec Fichte, le cosmopolitisme prend un autre aspect. Comme l'Allemagne représente à ses yeux l'humanité, les Allemands en étant patriotes seront nécessairement cosmopolites.

Dans ses fameux *Discours à la nation allemande*, Fichte, après avoir déclaré que l'Allemagne a péri par l'égoïsme des Princes, conclut qu'il faut établir un ordre de choses nouveau. S'appuyant sur une métaphysique à la fois subtile et passionnée, il essaie de démontrer que l'Allemand est le peuple par excellence, le peuple en soi. On devrait même dire de lui « le peuple », comme on dit « la Bible ». La vie créatrice dont l'humanité a besoin, il faut, dit Fichte, la chercher dans la race germanique, qui est une race si vivante. C'est la race par excellence, elle a une « mission. »

Les Allemands, disait de son côté Schelling, sont le peuple des peuples. Ils sont prédestinés à représenter l'humanité.

Mais l'idéal auquel l'Allemagne aspire pourra-t-il se réaliser sans qu'on fasse appel à la force? Fichte ne le pense pas. Il faut que les masses soient embrigadées. Cet embrigadement se fera par l'école et par l'armée. L'éducation d'abord est indispensable pour réaliser la vision conquérante dans laquelle se délecte l'imagination du philosophe. Mais cela ne suffira pas. Il y aura des résistances. On n'en triomphera qu'à l'aide d'une armée, et d'une armée « invincible » car c'est par la force que le germanisme se réalisera. L'organisation de cette armée devra être scientifique. La science n'a pas de tâche plus noble à remplir que d'organiser une force telle que le Germanisme puisse lutter contre le monde entier.

Les conceptions de Fichte inspirent les discours et les déclarations du baron de Stein, qui met en relief les devoirs de tout Allemand envers la patrie commune, la nécessité de façonner une âme germanique si sûre d'elle-même qu'elle arrive naturellement à la domination du monde. Elles se retrouvent dans les œuvres des poètes et des écrivains, de Arndt et de Körner, de Scharnhorst et de Gneisenau, de Ruckert et d'Henri de Kleist. Tous sont épris de l'idée nationale. Pour être forte, écrit Ludwig Börne, l'Allemagne, doit être *une*. Pour être une elle doit revêtir une forme nouvelle et achever de dépouiller celle que les traités de Westphalie lui ont imposée. L'idéal humanitaire pour lequel on s'était enthousiasmé au XVIIIe siècle est refoulé définitivement au second plan.

Bientôt, sous l'influence de Hegel, successeur de Fichte à l'Université de Berlin, se constitue cette doctrine de « l'étatisme » qui a si puissamment contribué a donner aux populations de l'Allemagne une confiance illimitée dans la supériorité du *Deutschtum*. Dès 1801, Hegel avait déclaré que la grande cause du mal dont l'Allemagne souffrait venait de ce qu'elle n'existait pas comme État. En 1820, il donne à la doctrine de l'étatisme une forme scientifique.

L'État est dans l'ordre moral ce que la nature est dans l'ordre physique. Comme la nature, l'État ne peut être que ce qu'il est; comme elle, il est nécessaire et divin.

J'ai pu, en suivant les cours des Universités allemandes, me convaincre plus d'une fois de l'influence qu'avaient eue les idées de Hegel, surtout dans l'enseignement des Facultés de Droit. La plupart des professeurs allemands cherchent le principe du droit dans le développement de l'esprit du monde. Le droit, c'est l'esprit universel qui va se développant à travers les âges. Chaque peuple incarne une idée qui forme son esprit particulier, chaque esprit particulier marque une étape dans le développement de l'esprit universel que les nations incarnent en quelque sorte à tour de rôle. Cet esprit universel a été représenté dans le passé par le monde oriental, le monde grec et le monde latin. Il l'est maintenant par le monde germanique, celui où l'esprit réalise la vérité absolue. Le genre humain doit s'absorber dans l'hégémonie allemande. Le droit du monde nouveau, c'est le germanisme.

L'histoire montre d'ailleurs que le monde s'est développé en quatre époques. La dernière, la plus grande, sera l'époque allemande. Alors un seul peuple représentera l'esprit. Comblé d'honneurs et de prospérité, il dominera le monde par l'irrésistible puissance de l'intelligence. En face de lui, les autres peuples ne conserveront plus aucun droit.

Le droit individuel disparaît dans cette métaphysique, les individus ne valent, en effet, que comme instruments de l'œuvre assignée à l'Etat, et celui-ci doit être vénéré comme un Dieu sur terre. L'homme, dit Hegel, est sans doute fin en soi, mais il ne peut avoir la prétention d'être respecté que par l'individu, non par l'Etat, parce que l'Etat est sa substance. Et il n'y a pas de rapports moraux entre les Etats, puisque les Etats ne sont pas des personnes privées. Chaque Etat ne doit pour déterminer sa conduite, consulter que son intérêt.

Germanisme, absolutisme de l'Etat, ces deux conceptions s'amalgament au point de se confondre (1).

Le succès prodigieux de la doctrine de Hegel tient à ce que sa métaphysique a fourni une base philosophique à des visées de domination de race. L'hégélianisme est vraiment devenu en Allemagne une philosophie nationale. Il a séduit l'imagination d'un peuple ambitieux et

(1) V. Vera. *Introduction à la philosophie de Hegel*, 2e édit., Paris 1864.

rapace, par la perspective du rôle d'élection annoncé à la race germanique (1).

C'est à nous qu'il appartient, écrit Schlegel (2), d'accélérer la grande évolution qui se fait dans le monde et d'instaurer le royaume visible de Dieu. C'est par le développement de l'idée de l'État que se dénouera la crise moderne. C'est par lui que l'idéal germanique se prépare. Nous ne concevons pas, disait Lorenz von Stein qu'on lui impose des limites : *Die Aufgabe des Staats ist eine begrifflich unendliche*!

Le nombre est considérable, dans la première du XIXe siècle, de ceux qui disent que l'Allemagne prépare une époque supérieure de la culture. C'est cette conviction, comme le fait remarquer H. von Treitschke, qui a inspiré les hommes d'État de la Prusse. Les nouveaux prophètes dit-il, sont des mystiques, un souffle de piété historique passe dans leurs visions (3).

Ce courant d'idées trouve son expression dans

(1) M. Ernest Seillière dans ses belles études sur *la philosophie de l'Impérialisme* a très bien mis en relief l'importance des doctrines hégéliennes. V. aussi Lévy-Brühl. *L'Allemagne depuis Leibnitz*, p. 388 et suiv.

(2) *Philosophie der Geschichte*, 2 vol. 1828.

(3) *Deutsche Geschichte im XIX* ten *Jahrhundert*, t. 24, 1re partie.

Treitschke, dont le Général de Bernhardi écrit qu'il a été le grand éducateur de la nation, déclare que la mission fondamentale de la Prusse, c'est l'exclusion des autres maisons prince germanisme romantique dont M. Lote a fort bien dit qu'il fut « la nostalgie nationale d'un mysticisme héréditaire en face du renouveau moderne qu'il entendait soumettre à ses visions. » Il prépara la résurrection politique, la volonté de domination, les fictions pratiques dont la Prusse devait si bien se servir. Il est fâcheux que la France n'ait pas vu « comment le mysticisme intellectuel et armé de l'Allemagne se préparait à envahir la civilisation » et se soit persuadée que « l'idéologie aveugle et funeste du livre de Madame de Stael » lui donnait une idée juste de l'Allemagne (1).

Le succès du mysticisme allemand a été d'autant plus grand qu'il s'est fort bien harmonisé avec la tradition prussienne.

L'État avait, en effet, dès le XVIIIe siècle pris une grande place dans la formation du royaume de Prusse. Faite de pièces et de morceaux, la

cières et leur absorption par la Prusse. Il faut que le fort l'emporte sur le faible. Les Français héritiers des Gauloisturbulents, vaniteux, amoureux de gloire, légers et superficiels, méritent d'être châtiés, comme les Habsbourgs, qui ont sur la conscience tant de péchés anti-allemands.

(1) René Lote. *Les origines mystiques de la science allemande*, p. 81.

Un prodigieux sentiment d'infatuation se dégage aussi de l'œuvre d'Ernest Hæckel et des explications qu'il donne sur la formation du monde. Cf. Chapple. *Contemporary Review*, mars 1915, p. 355.

Prusse n'avait pu arriver à une grande cohésion qu'à la faveur d'une forte organisation politique. L'Hégélianisme devait aider puissamment les Hohenzollern à « prussifier » l'Allemagne (1).

Le pragmatisme allemand de la première moitié du XIXe siècle, dit fort bien M. Lote (2), est dominé par la vision de l'État. L'État c'est l'idéal mystique qui doit absorder le monde nouveau. Il exprime le terme suprême du « dynamisme » scientifique de Schelling (3) en même temps qu'il concentre la suprême poésie. Le poète Novalis en trace le schéma romantique. Les tribunaux, les théâtres, la cour, l'église, le gouvernement, les réunions publiques, les académies, les collèges devront être

(1) Ce qui nous manque, écrivait Treitschke en 1863, c'est « l'État ». V. ses *Historische und politische aufsätze* (Leipzig 1897).

(2) R. Lote. *Les origines mystiques de la science allemande*, p. 88.

(3) V. Schelling. *Sämmtliche Werke*, t. VI, p. 575. De même que c'est une seule et même nature et substance infinie qui apparaît dans la pesanteur, dans la lumière et dans l'organisme et de même qu'elle est absolue en soi dans chacune de ces formes, ainsi c'est un seul et même divin qui vit dans la science, la religion et l'art... Le divin séparé en science, religion et art vit néanmoins absolument sous chaque aspect *par l'État*. De même que la pesanteur, la lumière, l'organisme ne sont que des attributs du corps universel et que toutes les choses ne sont et ne peuvent être qu'en lui, ainsi ni la vraie science, ni la vraie religion, ni l'art véritable n'ont d'objectivité que *dans l'État*.

regardés comme les organes intérieurs du mystique Individu-État. Un grand avenir se prépare pour le peuple allemand. Quand ses frères seront déchus, il sera seul maître de la maison (1).

(1) Cf. Schubart. *Novalis Leben, Dichten und Denken*, 1887.

CHAPITRE III

LA FORMATION DE L'UNITÉ ALLEMANDE
PRUSSE ET AUTRICHE

Les conceptions de Hegel et de ses disciples ne se seraient sans doute jamais « réalisées », si un homme ne s'était rencontré, pour faire au moment opportun, triompher la Prusse des obstacles auxquels elle se heurtait, et donner aux masses populaires l'orgueil dont nous les voyons aujourd'hui pénétrées. La grande figure de Bismarck se dresse devant le berceau de l'Allemagne prussifiée.

Réactionnaire obstiné pendant sa jeunesse, Bismarck s'était d'abord montré hostile à l'idée de faire l'unité de l'Allemagne. Il demandait encore en 1848, la consolidation des traités de Vienne de 1815 et déclarait que dans un conflit entre les deux principales puissances de la Confédération germanique, la Prusse et l'Autriche, il convenait que la première se subordonnât à la seconde.

Froissé par certains procédés maladroits, il ne tarde cependant pas à être nettement hostile aux Habsbourg. Du jour où il prend en main le pouvoir, il travaille de toutes ses forces à les éliminer de l'Allemagne. Dans cet effort il ne nous apparaît d'abord pas du tout comme un Allemand, on peut même dire que la sentimentalité allemande lui déplait.

C'est un Prussien.

Sa politique est avant tout prussienne. Et comme il voit que la Prusse renferme dans son sein des races très diverses, il ne met pas en avant, même dans sa conduite envers les Polonais, la politique de race. Il s'attache à l'idée de « nationalité ». Ce qu'il poursuit, c'est l'organisation de l'Allemagne sous l'hégémonie de la Prusse. Pour faire triompher ce projet rien ne l'arrête. Il est tour à tour violent et astucieux. Dépourvu de tout scrupule sur l'emploi des moyens, il se révèle plutôt comme un diplomate que comme un homme d'Etat. Le succès à ses yeux justifie tout (1).

Il va sans dire que la défaite de l'Autriche à Sadowa le fit singulièrement grandir. Elle fut, en même temps, le prélude de la reconstitution de l'Empire. La grande habileté dont il fit preuve en 1871, ce fut d'enchevêtrer les pouvoirs du conseil fédéral (Bundesrat) avec ceux du plus puissant des États confédérés, la Prusse, de façon à absorber les autres membres de l'Empire dans la force de rayonnement de celle-ci. Sous sa main puissante, les velléités particularistes s'effacèrent peu à peu; elles furent en quelque sorte noyées dans un courant national qui prépara l'œuvre du Pangermanisme.

Personne n'a travaillé plus efficacement que Bismarck à préparer cette « puissance de volonté » dont l'Allemagne offre aujourd'hui le spectacle. On a pu dire avec raison qu'il avait amené les cerveaux germaniques à penser que l'Empire était appelé à faire triompher sous le sceptre des Hohenzollern une politique analogue à celle qu'avait suivie Napoléon Ier.

(1) Cf. Gabriel Hanotaux. *Revue hebdomadaire*, 17 avril 1915. V. aussi H. Welschinger. *Bismarck* p. 74 s., et Paul Dehn. *Bismarck als Erzieher*, livre qui montre chez Bismarck, dit M. Eduard Heyck « eine eichenfeste Deutscheit »

Les Hohenzollern, dit M. de Bülow ont été les éducateurs politiques du peuple allemand. Et il croit devoir ajouter : l'avenir de l'Allemagne dépend de la façon dont nous saurons amalgamer l'esprit allemand avec la monarchie prussienne (1).

Bismarck fut puissamment aidé dans ses efforts par Guillaume Ier.

Soldat dans l'âme, Guillaume Ier était pénétré de cette idée que l'État prussien avait une mission à remplir. Il voulait que le pays tout entier fut organisé comme une armée. La soumission était à ses yeux le premier devoir des sujets. Les idées de Bismarck se combinèrent avec les siennes. Ni l'un ni l'autre, ne furent sans doute des pangermanistes dans le sens actuel de ce mot. On peut dire du moins qu'ils firent de l'Allemagne le bouillon de culture où les idées nouvelles devaient germer (2).

(1) *La politique allemande*, Paris 1913, p. 315-317.

V. l'article de Sydney Low *Edinburgh Review*, octobre 1914. On attribue à Frédéric Guillaume IV en 1848, ce mot caractéristique « la Prusse à partir d'aujourd'hui se transforme en Allemagne ». Il est certain que la Prusse chercha, à partir de ce moment, à se faire d'abord le gendarme, puis l'organisateur de l'Allemagne.

(2) Guillaume II fut d'abord traité fort durement. On le trouvait trop pacifique et trop modéré. Le livre de M. de Reventlow, (*Kaiser Wilhelm II und die Byzantiner*) paru en 1903, est caractéristique, ainsi qu'un autre ouvrage dont l'auteur resté anonyme,

L'un des grands mérites de Bismarck, comme l'a fait remarquer, avec raison H. von Treitschke, ce type de l'Allemand prussianisé, ce fut d'avoir réduit à néant le rôle des petits États, d'avoir fait comprendre au peuple allemand qu'il était bien plus important pour lui d'acquérir la force que de respecter le droit et la liberté. « La Prusse, dit Treitschke, en faisant l'unité de l'Allemagne, nous a rendu un tel service que nous devons avoir pour elle une reconnaissance infinie » (1).

Après la chute de Bismarck de nouvelles ambitions s'affirment. Elles ont pour principal foyer une société constituée en 1890 sous le nom d'*Allgemeiner deutscher Verband* (elle s'appellera bientôt *Alldeutscher Verband*). Cette association se présente d'abord comme une réaction contre le « nouveau cours » inau-

(*Unser Kaiser und sein Volk. Deutsche Sorgen*) prétend que par la faiblesse de l'Empereur, qui est trop personnel, l'avenir de l'Empire est compromis. C'est cependant à l'instigation de Guillaume II alors kronprinz, qu'avait paru la brochure : *un Empire allemand universel*, qui eut un grand retentissement. Guillaume II fut toujours l'ami du Dr Hasse (qui fut président de la Ligue de 1891 à 1899).

(1) Cf. F. Birch. *Bismarck und die politischen Anschauungen in Deutschland*, Berlin 1900.

M. de Bülow déclare dans son ouvrage sur la *Politique allemande* que si Bismarck avait continué pendant quelques années à diriger les affaires, il se serait certainement rallié aux doctrines pangermanistes.

guré par le renvoi de Bismarck et la politique jugée trop pacifiste de son successeur le général de Caprivi. Elle compte sur la bienveillance du nouvel Empereur qui déploie une grande activité, et elle élabore toute une doctrine qui apparaît comme la synthèse d'aspirations, d'abord un peu confuses, qui vont peu à peu en se précisant (1).

Le premier sentiment qui apparaît chez les pangermanistes, c'est le désir de rapprocher les uns des autres, pour en faire comme un faisceau, tous les membres de la grande famille germanique. Il faut réaliser la parole du poète Arndt : « Toute terre où résonne la langue allemande est allemande ». On s'efforce de faire pénétrer dans les esprits cette conviction que l'Allemagne est bien plus grande que l'Empire créé en 1871. C'est donc un devoir pour tous les patriotes de travailler à la reconstitution de la terre allemande, *deutsche Erde*. Leur tâche ne sera remplie que lorsqu'ils auront fait coïn-

(1) L'Alldeutscher Verband fait paraître un intéressant bulletin : les *Alldeutsche Blätter*, dont la lecture est nécessaire pour l'intelligence des visées pangermanistes. Il a publié, en outre, à l'occasion du vingtième anniversaire de sa fondation, un gros volume *20 Jahre alldeutscher Arbeit und Kämpfe*. Leipzig. (Dieterich) 1910. (469 pages in-8) qui donne une idée de l'activité dont il a fait preuve.

cider le territoire politique avec le domaine linguistique. Alors seulement l'Allemagne atteindra ses limites naturelles.

Bien des obstacles s'opposent à l'accomplissement de cette tâche. Le plus inquiétant est celui qui vient de l'Empire d'Autriche.

Il y a en effet deux Empires dans le centre de l'Europe, mais l'Empire à la tête duquel les Habsbourgs se sont maintenus est en marge de celui qu'ont créé les Hohenzollern. Il compte à peine 12 millions d'Allemands. L'Autriche doit devenir, conformément à ses origines et au nom même qu'elle porte, un Empire de l'Est (*Ost-reich*).

Les 12 millions d'Allemands qui figurent dans les cadres de cette monarchie mal batie, doivent s'agréger à ceux de l'Empire allemand, du seul Empire qui mérite cette qualification.

Pour soutenir cette thèse, on fait appel aux arguments les plus variés. Les Hohenzollern sont protestants et la majorité des habitants de l'Empire allemand est protestante. Comme il y a en Autriche un courant très sensible d'hostilité à l'égard du catholicisme, on tâche de s'en servir. Les pangermanistes s'entendent avec ceux qui dirigent le mouvement connu sous le nom de *Los von Rom Bewegung*. Ils prennent part aux réunions organisées dans un grand nombre de villes et leur action est facilitée par les encouragements que leur donnent plus ou moins ouvertement des personnalités haut placées, appartenant parfois aux classes les plus influentes de la société (1).

L'Autriche est inondée par leurs soins de brochures protestantes et pangermanistes.

Le fameux bourgmestre Lueger lui-même, qui détestait les Hongrois et les Slaves, en arrive malgré ses sentiments catholiques, à faire le jeu des pangermanistes. Je me rappelle l'avoir entendu dans un discours prononcé à l'hôtel de ville de Vienne, peu de temps avant sa mort, faire la déclaration suivante :

« Dans cette monarchie polyglotte, au sein de laquelle l'harmonie est difficile a établir, il faut qu'il y ait une race dominante, et par la force des choses, cette race ne peut être que la race allemande ». Parole imprudente qui eut un grand retentissement dans les régions non allemandes, et contribua à rendre plus ardent ce réveil des races qui est un des traits caractéristiques de notre temps.

Si les pangermanistes ont trouvé en Autriche

(1) L'Autriche, écrivait M. de Sybel, en repoussant l'œuvre de la Réforme, a rompu pour jamais la tradition de l'esprit allemand.

un terrain d'action favorable, il faut bien dire que c'est la conséquence de la politique imprudente du gouvernement de Vienne rebelle à l'idée de la *Gleichberechtigung*, c'est-à-dire à l'idée d'accorder le même traitement aux différentes nationalités. C'était pourtant le meilleur moyen d'établir entre Slaves et Germains l'entente indispensable pour éviter cette désagrégation dont la monarchie des Habsbourg est aujourd'hui menacée. Ceux qui ont eu la lourde tâche de diriger ses destinées, ont cru devoir adopter une autre politique. Oubliant les perfidies de la Prusse, ils ont pensé faire preuve d'habileté en se rapprochant de l'Allemagne.

Dès le mois d'avril 1873, un congrès austro-allemand réuni à Vienne, déclarait que tous ceux qui se sentaient Germains devaient en tant qu'Allemands s'attacher à faire prévaloir l'intérêt « national » sur l'intérêt de la monarchie.

Et à partir de cette époque, l'idée d'une alliance étroite avec l'Allemagne pénétra de plus en plus dans les esprits. La législation s'inspira des lois votées à Berlin, et le nombre grandit peu à peu de ceux qui déclarèrent qu'il fallait lier la fortune de l'Autriche à celle de l'Allemagne unifiée.

Quelques hommes d'État cherchèrent timidement à réagir contre un courant d'idées qui leur paraissait inquiétant. Leur voix ne fut pas écoutée. Bien peu d'ailleurs comprirent toute la portée de l'évolution qui se faisait. Bien peu se rendirent compte du but que poursuivaient les meneurs.

Schönerer, avant d'être expulsé du Parlement, parvint même à contraindre le gouvernement et la majorité du Reichsrath à approuver les aspirations pangermanistes.

Les fameuses ordonnances de Taaffe sur les langues (1880), soulevèrent de violentes protestations, et déterminèrent la fondation d'associations germanophiles, telles que le *deutscher Schulverein* qui se laissa bientôt absorber par l'Association générale des écoles allemandes de Berlin (1). Le député Menger parla à ce moment de la nécessité de « renforcer la grande idée nationale allemande ». Le peuple allemand d'Autriche, disait en 1884, le député Hollovich a repris conscience de son existence. Il veut à

(1) V. sur le danger slave en Autriche à propos de l'ordonnance des langues, *Alldeutsche Blätter*, 1898, n° 38, Cf. sur la façon dont il faut « aider l'Autriche à germaniser l'Europe centrale » le discours prononcé par le président de la ligue pangermaniste à Schandau en septembre 1909. *Alldeutsche Blätter*, 1909. Spezialnummer.

partir d'aujourd'hui être allemand et il le sera. Et les radicaux viennois n'hésitèrent pas à déclarer qu'ils n'avaient intérêt à être Autrichiens qu'autant que l'Autriche aurait un caractère allemand. Quelques-uns allèrent jusqu'à dire qu'ils étaient prêts à répudier leur qualité d'Autrichiens si la majorité Slave prenait le dessus.

Le programme politique se doubla d'un programme économique et social propre à attirer l'adhésion des classes populaires. Les chrétiens-sociaux, fortement influencés par les programmes du « Centre » allemand se rapprochèrent des pangermanistes.

Et il devint de plus en plus évident que si les Allemands ne formaient qu'une minorité dans l'ensemble de la monarchie, cette minorité était très envahissante. Grâce à la faiblesse et au manque de perspicacité de François-Joseph elle ne tarda pas à jouer un rôle considérable.

« La monarchie des Habsbourg, déclara Daniel Frymann, sera l'amie de l'Allemagne, ou elle ne sera pas ! »

La même idée se retrouve dans le discours prononcé par M. Class à Schandau en septembre 1909. Nous ne voulons pas, disait-il, détruire la monarchie des Habsbourg, mais l'aider à germaniser l'Europe centrale et à lutter contre les Slaves (1).

Les Pangermanistes tiennent notamment à ce que Trieste, qui est si fortement italianisée, reste un port allemand. « L'avenir, écrivait l'un d'eux, c'est une Allemagne s'étendant de Memel à Trieste, de la Baltique à l'Adriatique. Seule une telle Allemagne pourra remplir la mission qui nous est donnée par la Providence. La question de Trieste est une question vitale pour nous. Jamais cette place ne devra être donnée aux Italiens. C'est la porte sur l'Orient et le canal de Suez. Trieste doit être un port allemand! »

(1) V. *Alldeutsche Blätter*, 1909, Spezialnummer, Cf. *ibid.* 1898, n° 38, et 1895, p. 137.

Paul de Lagarde (*Deutsche Schriften*, p. 29) avait déjà mis en relief l'importance de Trieste pour l'avenir de l'Allemagne.

CHAPITRE IV

VISÉES DES PANGERMANISTES SUR LES PEUPLES VOISINS

La partie de l'Autriche habitée par des populations d'origine germanique, n'est pas la seule région que revendiquent les pangermanistes. Ils ont de plus grandes ambitions.

Il y a, disent-ils, d'autres contrées en Europe dont les habitants sont d'origine germanique : la partie orientale de la Suisse, la Flandre, la Hollande, le Luxembourg et même le monde Scandinave.

Les habitants de ces divers pays sont proches parents des Allemands d'Allemagne. Ils doivent être considérés comme des « frères séparés », ce sont les expressions de M. Paul Rohrbach. Il faut les préparer à rentrer dans le sein de la mère-patrie. L'Empire allemand actuel n'est qu'une partie de la terre allemande.

Ce sont des circonstances historiques qui ont éloigné ces pays de l'Allemagne. Une évolution qu'il faut provoquer doit les y ramener un jour. L'heure est venue de les inviter à se rendre compte que tôt ou tard — le plus tôt sera naturellement le meilleur, — il doivent faire retour au *Deutschtum*. Il faut en attendant les imprégner de *deutsche Kultur* (1).

Il y a aussi des conquêtes à faire dans la direction de l'Est. Un grand nombre d'Allemands se sont établis dans les provinces baltiques. Et comme la Baltique doit être une mer allemande, il y a du côté de la Courlande, de la Livonie, de l'Esthonie d'importantes annexions à réaliser.

Est-il nécessaire au surplus de se tant préoccuper de savoir si au point de vue ethnographique les habitants sont de pure race germanique?

Le mot *Alldeutsch* ne veut pas seulement dire une plus grande Allemagne. Il veut dire aussi une Allemagne universelle. Le Pangermanisme, disait le Dr Hasse, au congrès d'Eisenach en 1902,

(1) Paul Rohrbach. *Deutschland unter deu Welt wölkern*; et *Der deutsche Gedanke in der Welt.*

n'englobe pas seulement les Scandinaves et les Anglo-saxons, mais aussi, conformément à l'opinion de Gobineau et d'Houston Stewart Chamberlain, les autres groupes européens qui sont plus ou moins mélangés de Germains. Le peuple élu n'est pas condamné à accomplir ses destinées sur son aire historique, et à rester emprisonné au centre de la vieille Europe. Il a grandi, il a besoin de plus de place qu'il n'en a; il se trouve en présence de nécessités économiques qui rendent indispensables la conquête de nouveaux territoires.

« Notre industrie, dit Daniel Frymann, a besoin de nouveaux débouchés; il nous faut des contrées qui produisent les matières premières dont nos usines ont besoin, matières premières que nous sommes obligés d'acheter, ce qui nous fait dépendre d'autres peuples d'une façon intolérable. »

Pourquoi l'Allemagne hésiterait-elle à s'agrandir du côté de la France ? Il faut ramener la France aux limites qui lui avaient été assignés par le traité de Verdun; les limites naturelles de l'Allemagne à l'ouest, ce sont les hauteurs qui vont des sources de la Meuse au cap Gris-Nez (1).

(1) M. Fritz Kern (*Die Anfänge der französischen Ausdehnungspolitik bis zum Jahre* 1308), n'hésite pas à soutenir que les rois de

L'Allemagne est appelée à occuper toute cette région, région habitée par des populations qui doivent être en majorité, dit-on, d'origine germanique. Il y a au moins une dizaine de départements qui doivent être incorporés à l'Empire.

Des nécessités d'ordre économique exigent au surplus que celui-ci ait sa libre sortie sur la mer du Nord. Anvers, Calais et même Boulogne doivent être des ports allemands. C'est d'ailleurs de cette façon que l'Allemagne pourra mettre fin à l'odieuse suprématie de l'Angleterre.

Les Français doivent être traités durement, car on a eu vraiment trop d'égards pour eux.

« Le traité de Francfort de 1871, dit Frymann, a été d'une modération inexcusable, il faut réparer la faute que nous avons alors commise. Le nouveau règlement que nous comptons imposer à la France, sera implacable. Elle doit être mise hors d'état de nous menacer, nous exigerons d'elle qu'elle nous cède autant de terrain qu'il nous en faudra pour être toujours en sûreté.

France en dépassant la frontière de 843 ont conquis « des terres qui ne leur appartenaient pas », M. Pirenne (*Vierteljahrschrift für Sozial und-Wirtschaftsgeschichte*, XI, 4) a montré que les contrées annexées n'avaient que des rapports extrêmement vagues avec le *Regnum Teutonicum* et que ces annexions n'ont provoqué de la part du peuple allemand « aucun mouvement d'hostilité nationale ».

« Il ne faudra pas craindre de prendre hardiment sur le territoire de la Champagne, et aussi de la Bourgogne et de la Franche-Comté, toute l'étendue que nous jugerons nécessaire pour constituer des marches comme l'Empire le faisait au Moyen âge. C'est à nous seuls qu'il appartient de déterminer ce dont nous avons besoin.

« Les droits d'une race dérivent de ses besoins. C'est pourquoi nous avons le droit d'arracher à un autre peuple (il s'agit de nous) le superflu dont il se gorge. Nous n'hésitons pas à déclarer que pour conserver ses jours un peuple a le droit d'attenter à la liberté ou à la propriété de ses voisins. »

« Le but à atteindre, dit une des premières brochures publiées par *l'Alldeutscher Verband*, c'est le développement de la puissance allemande avec toutes ses conséquences » (1).

(1) Dans un curieux volume intitulé : *Das verwelschte Deutschtum* (la 1re édition parut en 1887) M. Kurd von Strantz déclare qu'il faut enlever à la France tous les territoires qui ont eu jadis, de loin ou de près, quelques liens de dépendance vis-à-vis de l'Empire germanique. Les populations ont eu la faiblesse de se laisser franciser (*verwelschen*). Elles doivent redevenir *völkisch*, c'est-à-dire avoir la conscience qu'elles font partie du peuple élu. Et M. Kurd von Strantz essaye de prouver que la plupart des localités de ces régions ont des noms d'origine germanique. Il ne craint pas non plus de débaptiser les personnes. Pour lui Jeanne

Les pangermanistes se sont fatalement trouvés en présence d'un problème délicat : le respect de l'indépendance des petits États.

Mais les petits pays comme la Belgique, la Hollande, la Suisse, méritent-ils qu'on les respecte ?

C'est bien à tort que les gens à courte vue s'apitoient sur leur sort. Car c'est pour leur plus grand bien qu'ils disparaîtront. Un petit peuple ne doit pas se mettre en travers du travail historique qui se fait en ce moment. Les petits états sont forcément dans leur tort s'ils contrarient l'évolution de l'humanité. Un phénomène de concentration se produit dans les rapports entre les nations, comme il se produit dans la vie industrielle et commerciale. L'Allemagne est prédestinée à jouer un rôle bien plus considérable que celui dont elle se contente actuellement. Mais il faut pour cela que les petits états incapables de se suffire à eux-mêmes, disparais-

d'Arc était allemande. Cela ne fait aucun doute dans son esprit.

M. L. Woltmann fondateur de la *Politisch-anthropologische Revue* qui préconise une sociologie biologique basée sur la sélection, s'applique à démontrer que la plupart des grands hommes du monde latin sont d'origine germanique. Ses conclusions s'appuyent tantôt sur l'indice céphalique, tantôt sur la couleur des cheveux, tantôt sur celle des yeux. Tout dolicocéphale blond aux yeux bleus est pour lui un germain. Dante, Léonard de Vinci, Michel-Ange, Raphaël sont pour lui incontestablement des Allemands.

sent. Leur maintien ne se justifie pas. La race germanique doit briser sans ménagement les oppositions qui pourraient faire obstacle à son expansion. « Le sort réservé à la Belgique, écrit M. Oncken, professeur à Heidelberg, dans le numéro de septembre des *Süddeutsche Monatshefte*, paraît au premier abord un peu dur pour les Belges; il sera finalement très avantageux pour le pays qui doit être incorporé à l'Empire. La destinée des grandes nations est chose trop importante et placée trop haut pour que celles-ci ne soient pas obligées de fouler aux pieds l'autonomie des petits peuples qui ne sont pas de taille à se protéger eux-mêmes. Les petits peuples, lorsqu'on considère l'évolution actuelle du monde, apparaissent comme des parasites (*Schmarotzer*) qui sont d'autant moins intéressants qu'ils se nourrissent en réalité des conflits des grands ».

Après la Belgique, ce sera le tour de la Hollande. « Nous n'avons, dit expressément M. Adolf Lasson, aucun respect pour la Hollande, nous devons remercier Dieu que les Hollandais ne soient point nos amis; la misérable existence bourgeoise de ce petit peuple ne nous inspire aucune sympathie. Nous respirons à pleins poumons le large souffle de l'histoire ».

La Hollande, écrivait naguère le journal *die Post*, est une des régions de l'Europe où l'élément germanique a su se conserver le plus pur (1). Quelques centaines de Huguenots français n'ont pas plus réussi à troubler la pureté de la race que les réfugiés polonais celle de notre population. Sans doute, on parle volontiers français en Hollande, mais la langue allemande a gagné du terrain dans ces dernières années, et continuera à le faire, grâce aux relations commerciales que la Hollande entretient avec nous.

« Nous ne pouvons au surplus dit Daniel Frymann, abandonner l'embouchure du Rhin à l'influence anglo-française. Il est contre nature que l'Allemagne ne possède pas sa sortie vers la mer qui est sa voie de communication la plus importante. Nous ne devons tolérer à notre frontière du Nord-Ouest de petits états qui ne nous donnent pas de garanties suffisantes contre une violation possible de leur neutralité » (2).

(1) V. Reimer. *Ein pangermanisches Deutschland*, Berlin, 1905. Cf. R. Seillière. *Revue des Deux Mondes*, 1er mars 1909; et l'opuscule du Général Langlois, *La Belgique et la Hollande*, Paris 1906.

(2) La déclaration que fit la reine des Pays-Bas, lors de son voyage à Paris, le 1er juin 1912 souleva dans le monde pangermaniste une violente indignation.

N'avait-elle pas osé dire : Je suis très fière du sang français qui coule dans mes veines! M. Bley (*Die Niederlande und die*

Quant au Luxembourg on le considère, sans même discuter, comme une terre allemande. Le fait que la grande duchesse au moment de son avènement, prononça son discours du trône en français fut considéré comme une véritable trahison, et les pangermanistes lui rappelèrent énergiquement ses devoirs envers la grande cause germanique.

Les menaces à l'égard de la Suisse ne sont pas non plus de nature à rassurer ce pays. En attirant dernièrement l'attention de ses compatriotes sur les projets que l'Allemagne nourrit à l'égard de la Suisse, le directeur de la *Gazette de Lausanne*, M. Ed. Secrétan, a démasqué les faux semblants des accusations allemandes, et montré la gravité des menaces qui ont été dirigées depuis longtemps contre l'indépendance de la Confédération. On a déjà maintes fois cherché en Allemagne a limiter la souveraineté de la Suisse, a dénaturer son caractère, de même qu'on a cherché a envahir le pays dans le domaine économique par des entreprises industrielles, commerciales et financières de toutes sortes (1).

alldeutsche Bewegung) n'hésite pas à déclarer que si la Hollande n'entre pas dans les voies des pangermanistes, elle verra ce qui l'attend.

(1) M. Paul Vergnet. *La France en danger*, p. 213, a bien résumé la politique suivie par l'Allemagne pour assurer sa supré-

Les yeux des Suisses se sont heureusement dessillés. M. Secrétan s'est fait l'interprête de ses compatriotes en montrant que la Suisse était décidée à résister à une main-mise tendant à accaparer peu à peu banques, industries et entreprises nationales. Nos voisins ne sauraient trop méditer la réflexion que faisait naguère un professeur pangermaniste de Strasbourg : « Nous respecterons l'existence de la Suisse, mais il faudra tout de même la lier à nous par des liens plus étroits » (1).

Très instructifs aussi les efforts de l'Allemagne à l'endroit du Danemark qu'on est parvenu à

matie sur la Confédération helvétique et faciliter la pénétration de l'influence allemande. V. l'article de M. G. Trouillot. *Grande revue* du 25 juin 1913.

(1) L'ouvrage intitulé la *Grande Allemagne* paru en 1911, sous le pseudonyme de Tannenberg, fait connaître les prétentions des pangermanistes. La France devra abandonner le reste de la Lorraine, et la nouvelle frontière devra suivre la ligne de partage des eaux entre la Meuse et les affluents de la Seine. On obligera les Français qui habitent actuellement cette région à s'en aller.

Le pays sera distribué comme récompense aux soldats qui se seront distingués pendant la guerre. La Suisse, la Belgique, la Hollande, le Luxembourg feront partie de l'Empire.

Les colonies hollandaises, de même que l'Etat du Congo passeront sous la protection de l'Empire allemand.

La France cédera à l'Allemagne la propriété des milliards qu'elle a prêtés à la Russie et payera en outre une indemnité de 35 milliards de marks. Elle renoncera à sa flotte, et abandonnera à l'Allemagne ses colonies à l'exception de l'Algérie.

Elle devra signer avec l'Allemagne un nouveau traité de commerce adapté à la situation nouvelle. V. *le Temps* du 12 mars 1915.

faire évoluer dans la sphère des intérêts économiques de l'Empire.

Les sentiments que les Allemands éprouvent à son égard ressortent des procédés qu'ils ont employés à l'égard du Slesvig, qui n'a jamais fait partie de l'Empire germanique : son ancien nom était même Jutland méridional. C'est dans la partie méridionale du Slesvig que fut construite le célèbre Dannevirke, destiné a protéger les Danois contre les invasions des Allemands. C'est par force qu'on l'a réuni au Holstein. (1)

Les efforts des pangermanistes, pour faire entrer l'Angleterre dans la sphère d'attraction du monde germanique, malgré tout ce qu'ils ont pu dire au sujet des Angles et des Saxons, ont été complètement infructueux. En dépit de certaines affinités de race, les pangermanistes sentent qu'ils ont là un ennemi irréductible. Les efforts qui ont été faits à plusieurs reprises pour rapprocher les deux nations n'ont pas trouvé d'écho.

Il y a dix-huit ans que M. von Brandt publiait sous ce titre significatif : *Væ Britanniæ*, un

(1) V. Jorgensen. *La question Dano-Allemande*, Copenhague 1900. Les Danois du Slesvig incorporés dans les armées allemandes (15.000 environ) sont dispersés dans plusieurs régiments. Nous savons que c'est pour eux une délivrance d'être faits prisonniers. La nécessité où ils se trouvent de faire la guerre à des gens auxquels ils n'ont jamais voulu de mal en amène plus d'un à souhaiter la mort.

article qui eut un grand retentissement (1). Il laissait entendre que l'Allemagne devait tuer sa rivale. L'Angleterre, disait alors un économiste allemand, c'est la Carthage qu'il faut détruire. Elle aura le même sort que la Carthage de l'antiquité. De tous les pays de l'Europe, écrivait un autre, c'est l'Angleterre qui est le plus menacé. Son existence repose sur des bases extrêmement instables et sa situation doit inquiéter ses admirateurs (2).

C'est la rivalité des intérêts qui apparaît ici au premier plan. Et les rivalités économiques ne sont pas de celles que le temps apaise. Elles semblent chaque année, au contraire, s'exaspérer de plus en plus.

Les journaux allemands sont depuis un quart de siècle pleins d'articles qui témoignent d'un mauvais vouloir croissant à l'égard de l'Angleterre. C'est ainsi qu'on est parvenu à faire croire au peuple allemand qu'il existait, sous la haute direction de l'Angleterre, une coalition prête à attaquer l'Allemagne dès que se présenterait une occasion favorable.

Aucune entente, dit Rohrbach, n'est possible

(1) *Deutsche Revue*, 1898, p. 233.

(2) Erwin Bauer. *England und das deutsche Reich*. Leipzig, 1900.

avec l'Angleterre, tant que sa puissance n'aura pas été à jamais brisée : *mit England darf kein Friede geschlossen werden bevor Englands Macht auf immer zerstört ist.* Tout ménagement à son égard serait une trahison : *Schonung gegen England ist Verrat.*

« Entre l'Angleterre et l'Allemagne, écrivait avec raison en 1910 M. Blatchford (1), un choc est inévitable, parce que l'Allemagne et l'Angleterre sont rivales commercialement et politiquement, parce que l'Allemagne convoite le commerce, les colonies, l'influence et l'empire que la Grande-Bretagne possède actuellement, parce que l'Allemagne ayant défait la France, s'étant réconciliée avec l'Autriche, n'ayant pas à craindre la Russie avant quelques années, sent que la Grande-Bretagne est son seul adversaire dangereux.

« L'Allemagne nous attaquera parce qu'elle se sent forte, parce qu'elle croit l'Angleterre impotente et la regarde comme la victime désignée d'une attaque bien combinée, résolue et forte. La politique de l'Allemagne est la politique de Bismarck, politique de conquête ayant pour but la domination du monde... Le péril est très proche, et il est très grand. »

(1) *Le danger allemand*, p. 6.

Et pendant qu'on excitait les populations allemandes, le Baron Marschall de Biberstein cherchait à leurrer le gouvernement britannique pour le déterminer à ralentir ses armements (1). Sydney Brooks avait raison de montrer, il y a deux ans, comment les agissements des pangermanistes avaient contribué, en dehors de toute question de sympathie, et par la seule force des choses, à renouer l'alliance entre l'Angleterre et la France (2).

La résistance que le pangermanisme a trouvée du côté de l'Angleterre est certainement l'une des causes de la fureur actuelle des Allemands, de même qu'elle a été l'une des causes de la guerre que l'Angleterre est bien décidée à soutenir aussi longtemps qu'il le faudra.

(1) V. mon livre sur les *Embarras de l'Allemagne*, 6e édition, p. 245 suiv.
(2) *Fortnightly Review*, septembre 1912, p. 504.

CHAPITRE V

LE PANGERMANISME ET LA QUESTION COLONIALE

Les pangermanistes ont d'autres ambitions; l'Europe ne peut suffire à contenter leur appétit. Ils entendent germaniser le monde.

Il y a déjà longtemps que les marchands de la ligue hanséatique ont essayé de prendre pied sur les principaux marchés de l'Europe septentrionale.

Puis les Allemands se sont portés du côté de l'Amérique du Nord, principalement à la suite des guerres de religion. Vers le milieu du XVIIIe siècle on évaluait à 200.000 le nombre des Allemands établis dans les colonies anglaises, et les Anglais se plaignaient déjà de cette invasion. Le mouvement s'est accentué dans la seconde moitié du XIXe siècle. En 1891, le chiffre des émigrants allemands s'éleva à 120.089. Les Allemands, partout où ils vont, ne se contentent pas de cultiver la terre ou d'installer des comptoirs, ils se préoccupent de fonder des écoles, de mettre en relief le mérite de la deutsche Kultur, d'installer un service d'espionnage et de renseignements.

Mais ce mouvement d'émigration, bien qu'il contribuât à répandre le goût des produits allemands et qu'il eut pour la mère-patrie des avantages économiques incontestables, ne pouvait contenter les pangermanistes. Ils estimèrent que des colonies, de vraies colonies, étaient indispensables pour permettre à l'Allemagne d'établir sur le monde sa puissance.

La fameuse conférence de Berlin, terminée par l'acte général du 5 février 1885, a été le point de départ de tout un mouvement d'idées auquel les pangermanistes se sont vite associés. Du jour de la fondation de la ligue pangermaniste, ils font une propagande inlassable, et s'associent aux sentiments de ceux qui déclarent que la fondation de colonies est un excellent moyen de faire grandir le prestige de l'Allemagne.

Ils ont été pour beaucoup dans les changements qui se sont produits peu à peu dans l'opinion publique. Il est très intéressant de suivre l'effort qu'ils ont fait dans tous leurs congrès, comme dans leur Bulletin, pour montrer l'importance qu'un domaine colonial devait avoir pour l'Allemagne.

L'*Alldeutscher Verband* a énergiquement soutenu la *Deutsche Kolonialgesellschaft* créée pour chercher à faire comprendre qu'il fallait travailler, au moyen de colonies, tout à la fois à l'expansion du Germanisme et à la conquête de nouveaux débouchés.

Les pangermanistes n'ont jamais cessé depuis le jour où l'Allemagne s'est lancée dans des entreprises coloniales, de lutter contre le découragement et de réfuter les critiques de ceux qui étaient hostiles à ces entreprises (1).

Nous les voyons féliciter le gouvernement d'avoir considéré comme un point d'honneur le maintien des droits de l'Allemagne sur les îles Samoa. Ils le poussent à occuper les îles Chusan et le port d'Amoy, à mettre la main sur l'Hinterland du Cameroun et sur le bassin de la Sangha. Ils l'incitent à créer une nouvelle Allemagne, un *deutsches Neuland*, où on pourra entendre « les sons familiers qui réchauffent le

(1) Paul Rohrbacl. *Deutsche Kolonialwirtschaft*, t. I.

cœur. (1) » Nous avons besoin, dit le général de Bernhardi, d'accroître notre domaine colonial. Et nous ne pouvons le faire qu'au détriment des autres États. Il faut donc que nous jetions dans la balance la force de nos soixante millions d'hommes.

C'est dans les affaires marocaines que l'activité des pangermanistes se révèle avec le plus de clarté. Ils ont été parmi les plus ardents à déclarer que l'Allemagne devait devenir une puissance méditerranéenne et ont incité le gouvernement à profiter de ce que le Maroc était à peu près la seule contrée de l'Afrique ayant conservé son indépendance. De 1904 à 1911, les *Alldeutsche Blätter* sont remplis d'articles consacrés aux questions coloniales (2).

Le Maroc, dit un des rapporteurs du congrès de Gotha, permettra à l'Allemagne d'entrer en possession, sans avoir à faire la guerre à de grands Etats européens, de territoires plus appropriés à l'expansion germanique que toutes les autres parties de notre domaine d'outre-mer (3).

Des savants de valeur, comme Théobald Fis-

(1) *Congrès de Schandau*, 1909.

(2) V. notamment *Alldeutsche Blätter* 1904, nos 10, 14, et 25, et *Flugschrift* no 17. V. aussi le compte rendu du Congrès qui s'est tenu à Lubeck en mai 1904.

(3) V. le discours du Général von Liebert au congrès de Lübeck. *Alldeutsche Blätter*, 1904 no 23.

cher, s'efforcent d'allumer les convoitises par des assertions inexactes. Ne va-t-on pas jusqu'à dire que le commerce de la France recule continuellement au Maroc!

Les plus modérés demandent que l'Allemagne obtienne au moins la partie méridionale du pays (1).

L'accord franco-allemand de février 1900 qui reconnaissait les intérêts spéciaux de la France fut flétri au congrès de Schandau comme le dénouement d'une politique si faible qu'elle en était honteuse.

Le coup d'Agadir donna aux pangermanistes une satisfaction momentanée.

Lorsqu'intervint l'arrangement du 4 novembre 1911, ils se montrèrent fort mécontents (2). Les 275.000 kilomètres carrés que nous cédions au Congo ne les satisfirent pas. Ils n'entendirent pas que l'accord intervenu à ce moment fut le point de départ d'une « réconciliation ».

(1) V. la brochure *Westmarokko deutsch*, rédigée sous l'inspiration de M. de Kiderlen-Wachter.

(2) L'accord écrivait le *Vorwärts* ne fait que creuser l'abime entre la France et l'Allemagne. Aussi M. Pierre Baudin pouvait-il répondre le 22 novembre 1911, à ceux qui trouvaient l'arrangement satisfaisant : « Les Allemands estiment que le traité franco-allemand est une duperie pour l'empire, qu'une politique plus ferme aurait pu obtenir tout ce que les plus hardies prétentions allemandes attribuaient par avance à l'Allemagne. Aussi le fond de l'opinion allemande est-il belliqueux. »

« Le Maroc, écrit le président de la Ligue, M. Class, n'est perdu que provisoirement. Nous considérons que la question marocaine n'est pas définitivement liquidée. » Et plusieurs articles laissent entendre qu'un conflit avec la France pourrait valoir à l'Allemagne toute l'Afrique du Nord, l'Algérie et la Tunisie, en même temps que le Maroc lui assure par conséquent l'hégémonie dans la Méditerranée (1).

Il y a, au surplus, d'autres colonies que les colonies françaises, auxquelles les pangermanistes ont pensé.

Le Congo belge, qui est trop grand pour un petit pays comme la Belgique, ferait bien l'affaire de l'Allemagne. Ne permettrait-il pas de réunir la colonie du Cameroun avec l'Afrique orientale allemande?

Les colonies portugaises de la côte occidentale d'Afrique sont également bien tentantes. Le Portugal, depuis la révolution de 1910 qui a bouleversé le pays, traverse une crise. Ses colonies se développent mal. Elles ont pourtant beaucoup d'avenir. L'Allemagne n'est-elle pas toute indiquée pour leur donner l'organisation qui leur fait défaut?

(1) Cf. *Flugschrift* nº 17 « Marokko verloren! »

C'est aux pangermanistes qu'il faut attribuer l'emploi de l'expression *das grössere Deutschland*, la plus grande Allemagne, si usitée depuis quelques années. La sollicitude avec laquelle ils s'occupent des efforts que fait le gouvernement impérial pour jouer un rôle prépondérant en Asie mineure, est significative. Leur action est manifeste dans le voyage de Guillaume II à Constantinople et en Terre Sainte. Les publicistes qui s'inspirent de leurs idées établissent à ce moment les « droits » de l'Allemagne à la succession de la Turquie (1). Ils ont été pour beaucoup dans la tentative de main-mise sur le chemin de fer de Bagdad. Les *Alldeutsche Blätter* constataient au mois de mars 1913, que c'étaient eux qui dans cette importante question avaient orienté la politique de l'Empire.

(1) Paul Rohrbach. *Deutschand unter den weltvölkern*, p. 257-293.

CHAPITRE VI

LE PANGERMANISME ET L'EXPANSION DU COMMERCE ALLEMAND

Sur les questions de politique coloniale se greffent les problèmes de politique commerciale. Les pangermanistes s'en sont beaucoup occupés.

L'Allemagne avait été longtemps un pays surtout agricole. Son industrie et son commerce ont fait dans la seconde moitié du XIXe siècle de remarquables progrès (1).

Mais le développement industriel du pays avait eu cette conséquence que le marché intérieur allemand ne pouvait suffire à absorber toute la production du pays. Dévorée d'ambi-

(1) V. mon livre sur l'*Essor industriel et commercial du peuple allemand*, 3e édition, Paris 1900. V. aussi Maurice Millioud. *Bibliothèque universelle* et *Revue suisse*, mars et avril 1915.

tion, et très désireuse de s'enrichir, l'Allemagne s'était lancée dans une politique mondiale qui avait eu pour elle quelques inconvénients, qui avait contribué surtout à rendre plus douloureuses les crises économiques dont tous les pays ont aujourd'hui à souffrir. Celle qui éclata au mois d'avril 1900 fut particulièrement grave. Elle eut des répercussions sur toutes les branches de l'activité nationale.

Les pangermanistes trouvèrent dans la politique commerciale un nouveau terrain d'action.

Ils déclarent, lorsqu'il s'agit de promulguer un nouveau tarif douanier et de renouveler les traités de commerce, que ce n'est pas seulement à une question de tarif qu'il faut s'attacher. Il faut assurer à l'Allemagne les moyens de continuer cette *Weltpolitik*, qui doit lui permettre de grandir dans le monde.

Pour atteindre ce résultat on s'efforce d'orienter les esprits vers les problèmes qui touchent à l'expansion extérieure, et de faire comprendre la nécessité de s'adapter avec persévérance à une situation nouvelle. On encourage le système qui consiste à créer de nouvelles filiales au-delà des frontières pour tourner certaines difficultés résultant des tendances protectionnistes et répandre par ce moyen, en dépit des barrières douanières élevées par certains pays, les produits allemands sur tous les marchés du monde.

S'il n'est pas facile de dire avec précision de quelle manière les pangermanistes ont agi sur la vie économique du pays, il est certain qu'ils ont travaillé à resserrer les liens de solidarité entre les Allemands de l'Empire et ceux qui étaient installés dans d'autres pays et qu'ils ont favorisé les entreprises du capital allemand (1).

Ils ont aidé le gouvernement impérial à s'engager dans le courant qui a si fortement entraîné l'Allemagne vers l'industrialisme. Tout en ménageant les conservateurs, dans les rangs desquels ils avaient fait beaucoup de recrues, tout en déclarant qu'ils n'entendaient pas sacrifier l'agriculture, ils se sont principalement préoccupés du développement des exportations et ont fait passer au premier plan de leur programme l'expansion du germanisme sous toutes les formes.

Les questions relatives à l'expansion du commerce allemand tiennent une place importante

(1) Ceux-là ont certainement agi dans l'esprit des pangermanistes qui ont depuis 25 ans inondé le monde de camelote allemande, de faux champagnes et de faux cognacs, d'imitations de parfumerie parisienne, ou de moutarde française, de produits portant de fausses étiquettes et de contrefaçons de toute sorte.

dans la plupart des congrès de la Ligue. On peut y découvrir sans peine un effort tendant à l'asservissement économique des autres pays.

On s'y intéresse d'autant plus que cela cadre avec l'esprit de convoitise qui est le fond du tempérament germanique (1).

Les pangermanistes se piquent d'être réalistes et pratiques. Ce sont surtout des conseils pratiques que l'on trouve dans la copieuse littérature que l'*Alldeutscher Verband* a publiée, dans les *Alldeutsche Blätter*, dans les brochures éditées sous le titre général : *Der Kampf um das Deutschtum* (la lutte pour le germanisme), et dans les feuilles volantes (*Flugschriften*) par lesquelles on cherche à surexciter dans les masses le sentiment national.

La note pratique se retrouve également dans la revue *Deutsche Erde* publiée par l'Institut géographique de Justus Perthes à Gotha.

Le sous-titre de cette revue dont on a pu dire

(1) V. sur les rapports du pangermanisme avec l'Expansion économique de l'Allemagne, Andrillon. *L'Expansion de l'Allemagne*, p. 113, suiv. Les pangermanistes ont maintes fois déclaré que l'expansion économique est pour l'Empire « un moyen d'accroissement de puissance et de conquêtes territoriales en pleine paix ». Cf. Tonnelot. *L'Expansion allemande hors d'Europe* et B. Dietrich. *Deutschlands gegenwärtige handelspolitische Lage*. Plauen 1913, et la brochure *Die deutsche Volkswirtschaft und der weltmarkt*. Berlin, Springer 1901 (dans la collection des *Handelspolitische Flugschriften*).

qu'elle était le bréviaire scientifique du pangermanisme (1) indique le but qu'elle poursuit : Contributions à la connaissance de la vie du peuple allemand de tous lieux et de tous temps.

La ligue pangermaniste publie aussi un recueil de chansons (*alldeutsches Liederbuch*) et un atlas (*alldeutscher Atlas*) où la germanisation des noms géographiques est parfois grotesque.

L'*Alldeutscher Verband* est d'ailleurs organisé à l'instar d'une maison de commerce, avec des fonds importants destinés à soutenir les Allemands qui vont se fixer à l'étranger, à y organiser des bibliothèques, à y créer des écoles, à y envoyer des publications. Le pangermanisme apparait comme une machine très bien montée, pourvue de rouages très variés, très bien agencés, convergeant vers le même but. Il est parvenu à exalter soit en Allemagne, soit parmi les Allemands répandus dans le monde, un état d'âme fort inquiétant pour l'avenir. « Les idées que nous défendons, disait M. Hasse au congrès de Lübeck en 1904, sont devenues le lien commun de la conscience populaire allemande. Beaucoup de ceux qui paraissent encore nous combattre se nourrissent en réalité des pensées

(1) B. Auerbach. *Revue politique et parlementaire*, 10 octobre 1913, p. 14.

et des suggestions que nous leur avons fournies. » (1)

J'ai constaté plus d'une fois que les pangermanistes se sont beaucoup intéressés au développement des écoles commerciales. Ils ont poussé les jeunes gens à fréquenter de préférence les écoles qui les préparaient à aller à l'étranger, à y conquérir de nouveaux débouchés pour l'industrie germanique, de nouveaux centres de propagande et d'action pour le germanisme sous toutes ses formes.

Les pangermanistes ont certainement contribué à faire comprendre au peuple allemand que le commerce est un instrument de propagande très souple et très efficace. Ce ne sont pas seulement les marchandises que les commerçants allemands ont fait circuler, ce sont aussi les idées. Ils ont travaillé, quelquefois inconsciemment, à développer le prestige, en même temps que la richesse du pays.

(1) On pourrait citer comme exemple le discours prononcé par Guillaume II lui-même le 18 janvier 1896, sur la « *Weltpolitik* » et la nécessité pour l'Allemagne de devenir une puissance mondiale.

CHAPITRE VII

ACCROISSEMENT DE L'ARMÉE ET DE LA FLOTTE

L'action des pangermanistes apparaît avec une netteté particulière dans l'effort qui a été fait par l'Allemagne pour augmenter son armée et sa flotte.

L'accroissement des effectifs militaires, depuis dix ans surtout, est un des faits qui ont le plus vivement frappé tous ceux qui ont étudié les transformations de l'Allemagne contemporaine.

Une puissante armée n'est-ce pas d'abord un moyen d'exercer une pression toutes les fois qu'une difficulté internationale pourra surgir? Il faut pouvoir, grâce à un appareil effrayant, obtenir des concessions toujours plus étendues, et faire peur aux négociateurs.

La lecture des brochures pangermanistes

est à ce point de vue très suggestive. Leurs auteurs laissent entendre que dans les relations internationales on doit tenir compte d'autres considérations que du respect du droit. Les idées qu'ils développent sont inconciliables avec les théories de ceux qui souhaitent (et quelques Allemands l'ont souhaité sincèrement), le progrès du droit international. Ils semblent convaincus, au contraire, que les rapports entre les nations sont essentiellement régis par le droit du plus fort. Ils ne se soucient guère de faire passer dans la pratique les principes proclamés par la Conférence de la Haye.

Les *Alldeutsche Blätter* ont toujours soutenu de toutes leurs forces ceux qui demandaient des crédits plus élevés. On y trouve aussi de perfides réflexions sur les intentions de la France, qui se prépare, dit-on, à prendre une revanche. Oui, c'est la France qui oblige l'Allemagne à augmenter ses effectifs. La voici qui créée une flotte aérienne! La voici qui organise une armée noire! etc. Son entente avec l'Angleterre nous expose aux plus grands dangers!

Nous devons, écrivait en 1912 un journal pangermaniste, envisager la possibilité d'une guerre « à brève échéance ». La paix paraît ne plus tenir que sur la pointe d'une aiguille... Ce ne seront ni les habiletés diplomatiques, ni les beaux discours qui empêcheront la lutte d'éclater. Aussi devons-nous être toujours prêts, toujours tenus en haleine. L'Allemagne, disait-on à ce moment à M. Bourdon (1), fait du militarisme comme un individu fait de l'hygiène. Tout chez nous aboutit à l'armée. Dès sa naissance l'enfant est dressé pour son service. S'il est vrai de dire que c'est la Prusse qui a fait l'Allemagne, il est encore plus vrai de reconnaitre que c'est l'esprit militaire qui a fait la Prusse. L'éducation militaire nous apparaît comme le complément logique de l'éducation civique.

Les Allemands étant essentiellement les apôtres de la force, l'armée pour eux n'est pas un moyen de défense, elle est surtout une promesse d'empire, de même que le progrès industriel n'est qu'un moyen de domination.

La géographie n'est pas la science de la terre, mais la révélation des lignes entre lesquelles s'élaborent les plans de conquête.

Les pangermanistes applaudirent sans réserve à la création de la ligue militaire (*Deutscher Wehrverein*) fondée au mois de janvier 1912 sous la présidence du général Keim et à laquelle

(1) Bourdon, *L'énigme allemande* p. 182. Cf. l'article de M. Helmer dans la *Revue de Paris* du 15 avril 1913.

beaucoup d'entre eux s'empressèrent d'adhérer (1).

La question du renforcement de l'armée tient une place considérable dans les débats du congrès pangermaniste qui a eu lieu à Stuttgart au mois d'avril 1914. L'amiral Breusing et le général Keim firent alors remarquer que les relations de l'Allemagne avec la France et la Russie étaient de plus en plus tendues. Ces deux pays, dirent-ils, se préparant à attaquer l'Allemagne et cherchant une occasion opportune, il faut faire sentir au peuple que pour renforcer l'armée il doit se résigner aux plus durs sacrifices. Et la ligue pangermaniste applaudit à toutes les mesures financières ayant pour but de procurer au budget de la guerre des ressources nouvelles (2).

Elle ne s'est pas moins intéressée à l'augmentation des forces navales. Les pangermanistes déclarent qu'une flotte imposante est indispen-

(1) V. *Revue des sciences politiques* n[os] de mars-avril et mai-juin 1914 : L'armée allemande au printemps de 1913.

(2) Rappelons que de 1900 à 1912 les dépenses militaires de l'Allemagne ont passé de 823 millions de marks à 1417. Il faut, écrivait naguère le *Berliner Lokalanzeiger* que les armements de l'Allemagne « fassent reculer d'effroi tout adversaire possible. » Nous voulons, a dit au Reichstag le général von Heeringen, ministre de la guerre, « acquérir une rapidité plus grande dans la préparation de la guerre ».

sable pour faire triompher la politique mondiale dans laquelle l'Allemagne s'est engagée, et veulent que la marine soit à hauteur de l'armée. Ils soutiennent dans ce but la ligue maritime (*Flottenverein*) qui fait dans toutes les classes de la société une propagande si active (1).

C'est du côté de l'Angleterre qu'on porte surtout les regards. Les *Alldeutsche Blätter* ont maintes fois montré la nécessité d'un effort soutenu pour rattraper l'avance prise par la flotte anglaise et pour donner aux forces maritimes une importance comparable à celle de la défense terrestre. Nous devons constater à ce propos que les pangermanistes ont été parmi les premiers à demander la transformation du canal de Kiel, pour permettre aux plus grosses unités de la flotte de passer de la Baltique dans la Mer du nord sans avoir à contourner le Danemark.

Ils ont aussi fait valoir l'utilité d'une flotte aérienne et d'un corps d'aviateurs, avec l'arrière-pensée de s'en servir pour détruire la suprématie anglaise. Leur enthousiasme pour le comte Zeppelin vient surtout de l'espoir que ses dirigeables

(1) *Alldeutsche Blätter*, 1904, n° 16. Cf. V. Bernhardi. *Notre avenir*, p. 102 et 130 et la brochure *Deutschland sei wach! Betrachtungen uber Büstungs fragen und Weltpolitik* (publiée par le *Flottenverein*. Berlin, 1912).

pourraient permettre une invasion de la Grande-Bretagne.

On a fait à Emden depuis cinq ans de grands préparatifs pour y embarquer d'énormes masses de troupes, en même temps qu'on a fabriqué secrètement une quantité de sous-marins et de torpilleurs (1).

Le nombre est prodigieux des discours et des brochures, des articles de journaux et de livres qui ont déclaré, en laissant entendre que c'était un espoir national, qu'il fallait détruire l'empire britannique et la suprématie maritime de l'Angleterre (2). Quelques fanatiques sont allés jusque soutenir qu'il fallait préparer le couronnement de Guillaume II dans l'abbaye de Westminster.

(1) Erwin Bauer. *Deutsche Antwort auf englische Unverschämtheiten*, 1895. *England und das deutsche Recht*, 1900. V. aussi Vosberg Rekow. *Das britische Weltreich und der deutsche Wettbewerb*. Berlin 1898.

(2) Voir le discours de l'amiral Riedel à Lübeck, *Alldeutsche Blätter*, 1904 nº 23. Cf. *ibid.* nº 16.

CHAPITRE VIII

LE RÉVEIL DES RACES. LUTTE CONTRE LES POLONAIS, LES DANOIS, LES ALSACIENS

Le succès des doctrines pangermanistes a été aussi le contrecoup d'un fait dont l'importance a beaucoup grandi depuis quelques années, nous voulons parler du réveil des races.

Pendant longtemps les peuples de l'Europe centrale ne s'inquiétèrent pas beaucoup de savoir à quelle race ils appartenaient. On disposait d'eux dans les traités qui étaient conclus à la suite des guerres, ou dans les arrangements parfois si étranges qui étaient la condition des mariages, sans les consulter.

Les temps sont bien changés. On peut dire que depuis un demi-siècle le *Deutschtum* a été vu peu à peu avec une défiance croissante, par tous ceux qu'on peut appeler les non-Germains. Il faut placer au premier rang des adversaires du germanisme ces peuples Slaves, dont Herder disait un jour qu'ils tenaient une plus grande place sur la carte de l'Europe que dans l'histoire de l'humanité.

Si l'on considère dans son ensemble l'évolution des peuples Slaves depuis 1.500 ans, on peut dire, tout en reconnaissant qu'ils ont commis bien des fautes, qu'ils ont été surtout victimes des circonstances historiques. Les mauvais procédés des Allemands, spécialement des Prussiens, à l'égard des Slaves du Nord font pendant à ceux que les Turcs ont employés à l'égard des Slaves du Sud.

Toute l'histoire des contrées situées à l'Est de l'Elbe n'est en réalité, comme l'écrivait un jour Anatole Leroy-Beaulieu, que l'histoire d'un long empiètement du germanisme sur des populations Slaves. La résistance que celles-ci opposent aujourd'hui à la germanisation est en somme un très beau spectacle.

C'est par la thèse fallacieuse des races supérieures et des races inférieures que les Allemands ont essayé de justifier leurs brutalités. Leur argumentation est bien simple : les Slaves sont des peuples arriérés. « C'est à nous, qui leur sommes très supérieurs, qu'il appartient de les civiliser. Un peuple arriéré n'a pas de droit à faire valoir devant un peuple plus civilisé. Il doit accepter de se laisser absorber ou transformer par lui (1). »

« Les races Slaves, disait un jour Mommsen, sont des races inférieures. Nous devons être durs à leur égard. » Je me rappelle encore l'âpreté, mêlée de dédain, avec laquelle cet homme passionné qui d'ailleurs nous détestait, me parla des Tchèques, un jour où, au retour d'un voyage en Bohême, je m'étais permis de lui dire combien j'avais été frappé des transformations de ce pays.

Les pangermanistes repoussent la conception d'après laquelle les différentes contrées où habitent des êtres humains, doivent être distribuées d'après le principe des nationalités et non d'après les résultats des guerres. Nous croyons aujourd'hui que pour assurer à l'Europe l'équilibre dont elle a besoin, il faudra s'attacher à l'idée de nationalité. Nous croyons que c'est la nationalité et non l'Etat qui doit être le fondement juridique des agrégations humaines. Le

(1) V. Bley. *Die Slavische Gefahr*. *Alldeutsche Blätter*, 1908, n° 38. Bernhardi *op. cit.* p. 40 ne cache pas son mépris pour les Slaves.

spectacle de l'Europe actuelle nous montre qu'il y a encore, à côté des nationalités qui ont triomphé, des nationalités militantes et des nationalités souffrantes. Chacune d'elles a sa mission particulière, chacune d'elles a un droit imprescriptible à conserver sa langue, ses mœurs, ses traditions, à travailler librement à l'épanouissement de sa propre civilisation.

Il y a longtemps que les Allemands refusent d'appliquer cette thèse aux Polonais.

Le temps est loin où Albert de Brandebourg prêtait à Cracovie le serment d'hommage, à genoux, au roi de Pologne.

Le vieil empereur Guillaume Ier se conduisait en précurseur des pangermanistes, lorsqu'il prononçait les paroles suivantes, le 16 janvier 1886, en ouvrant la session des Chambres prussiennes :

« Le refoulement de l'élément allemand par l'élément polonais dans les provinces orientales du royaume, impose au gouvernement le devoir de prendre des mesures propres à garantir le développement de la population allemande ».

Et Guillaume II renchérissait sur ces déclarations menaçantes, lorsqu'il disait à Marienbourg, le 5 juin 1902 : « L'arrogance polonaise nous opprime. Je me vois obligé d'adresser à mon peuple un appel qui le mettra en garde contre le polonisme. Il s'agit de défendre la civilisation allemande menacée ».

Les pangermanistes soutiennent que toute politique qui aurait pour conséquence de rendre un peu de liberté aux Polonais, serait une politique de faiblesse. Ils ont préconisé avec d'autant plus d'énergie des mesures de rigueur, que les recensements de la population montraient que la population polonaise augmentait plus que la population germanique. J'ai pu aussi constater plus d'une fois qu'ils étaient très contrariés de voir que les efforts de la commission de colonisation pour acquérir des domaines et y installer des paysans venus d'autres régions de l'Allemagne, ne donnaient que de maigres résultats (1). Il faut, dit M. de Oldenburg, que la domination de la Prusse sur ce pays soit définitive. L'histoire nous enseigne que c'est le droit du plus fort qui a créé les Etats. Le royaume de Pologne ayant disparu, le bonheur des Polonais est nécessairement avec cet État prussien qui n'a pas encore accompli sa mission dans le monde (2).

(1) V. mon livre sur *les Embarras de l'Allemagne*, 6e édition p. 186 et suiv.

(2) On peut consulter sur la question polonaise les *Alldeutsche*

Les Allemands, répondait un autre pangermaniste à ceux qui parlaient de nationalité polonaise, ne doivent pas tolérer la concurrence d'une nation moins civilisée. L'histoire montre que le progrès de la civilisation n'est possible que par la suppression de la liberté nationale des petits peuples.

Mais les efforts des pangermanistes n'ont pas eu de succès. C'est en vain qu'on a été jusqu'à vouloir empêcher les Polonais d'entendre la parole divine ou de réciter des prières dans la langue de leurs pères, c'est en vain qu'on a édicté des lois abominables ayant pour but de déposséder un grand nombre de propriétaires. La persécution n'a fait qu'accroître la résistance. En voyant comment se défendent ces victimes de l'oppression germanique, on pense involontairement à la parole fameuse de Joseph de Maistre : « Si on enterrait un désir slave sous une forteresse, il la ferait sauter (1) ».

Blätter, 1900 n° 52, 1902 n°s 22 et 41, 1907 n°s 37 et 38. Le gouvernement de Berlin y est jugé « trop faible ». V. aussi le discours de Class au Congrès de Plauen en 1903.

(1) Le professeur Ludwig Bernhard (*Die Polenfrage* 2e édition, Leipzig, 1910) tout en regrettant que la germanisation n'ait pas mieux réussi, avoue que la politique prussienne a réveillé chez les Polonais le sentiment national et provoqué la formation de sociétés de crédit agricole qui sont une base très forte pour la résistance. L'auteur d'un des derniers livres sur la question

C'est avec raison que M. Alfred Fouillée, parlant de la conduite odieuse des Prussiens à l'égard des Polonais, a montré que les philosophes allemands avaient plus encore que les historiens, les littérateurs ou les ethnologues, faussé la conscience morale du peuple allemand. « Ils se sont efforcés, dit-il, de justifier le droit du plus fort, qu'ils décorent du nom de droit historique, de droit ethnologique, de droit linguistique ou encore de droit divin et de mission divine, ou encore en termes pseudo-scientifiques, de sélection naturelle, de concurrence vitale, aboutissant au triomphe des mieux doués.. Le droit des peuples à s'appartenir et à disposer librement d'eux-mêmes, on le rejette au nom de doctrines à la fois mystiques et brutales, et on renie tous les progrès de la conscience moderne (1) ».

Aux efforts des pangermanistes à l'endroit

polonaise, M. de Horn (*Die Ostmarkenfrage*. Berlin, 1912) dont l'opinion a d'autant plus de poids que son père avait déjà passé quinze années de sa vie comme haut fonctionnaire à Dantzig, Posen, et Marienwerder, reconnait qu'on ne pourra venir à bout des Polonais qu'en s'attachant à la thèse de la supériorité des races et en exigeant d'eux qu'ils acceptent la civilisation germanique. Un autre compare les Polonais à des lapins qu'il faut empêcher de pulluler, on doit les considérer comme un « gibier » pour la chasse duquel toutes les armes sont permises.

(1) *Esquisse psychologique des peuples européens*, p. 245, suiv.

des Polonais, correspondent des efforts non moins curieux pour germaniser le Sleswig.

Il est prouvé que le Sleswig appelé jadis Jutland méridional, n'a jamais fait partie de l'Empire germanique (1). Les procédés du gouvernement de Berlin, dont la conduite au moment de la guerre des duchés (1864), fut si brutale, ont provoqué un réveil de nationalité tel que dans les quatre cercles de Hadersleben, Apenrade, Tondern et Sonderburg, les Allemands sont obligés de reculer (2).

Près de 4.000 hectares ont été perdus par eux depuis quelques années. Là aussi la politique pangermaniste a provoqué une véritable réaction. Tous ceux des habitants de l'Empire qui sentent qu'il y a dans leurs veines un autre sang que le sang germanique, semblent s'éloigner instinctivement de ce *Deutschtum* orgueil-

(1) V. Jorgensen. *La question dano-allemande*. Copenhague, 1900.

(2) La tâche du gouvernement, disait un jour le ministre de l'intérieur, est de faire sentir notre forte poigne aux agitateurs danois et d'accorder aux Allemands du Schleswig de larges subsides. C'est sous l'influence de cette idée que fut fondé le *Deutscher Verein für Nord-Schleswig*. Là aussi on a fait la guerre à des enfants pour défendre « les intérêts supérieurs du *Deutschtum* ». Les écoliers du Sleswig ont été l'objet de persécutions analogues à ceux des provinces polonaises. Des pères et des mères ont été déchus de leurs droits parce qu'ils avaient envoyé leurs enfants compléter leurs études en Danemark.

leux dont la défaite sera un soulagement pour l'Europe.

L'hostilité des Alsaciens n'a pas moins contribué que celle des Polonais, a irriter les pangermanistes et à provoquer de leur part un redoublement d'activité.

Ce n'était pas pour des raisons ethnographiques que l'Allemagne s'était annexée l'Alsace en 1871. C'est dans notre intérêt, déclarait un jour Treitschke que nous avons conquis l'Alsace. Nous avons le projet de « germaniser » cette nouvelle province et nous poursuivrons ce but avec toute la force dont nous disposons (1).

On sait à quel point les projets de germanisation de l'Alsace ont échoué. L'insuccès de la politique maladroite adoptée par l'Empereur a été pour les Allemands une grosse déception. Ils s'étaient imaginés que les Alsaciens finiraient par être contents de faire partie de l'Empire allemand. Comment n'auraient-ils pas été furieux en constatant que les Alsaciens, placés entre la civilisation française et cette *deutsche Kultur*

(1) *Was fordern wir von Frankreich*, discours reproduit dans *Zehn Jahre deutscher Kämpfe*, 2e édit. 1879, p. 283.

V. Sur la population d'origine allemande en Alsace-Lorraine l'étude de M. Paul Meuriot. *Journal de la Société de Statistique*, avril 1915, p. 93. La proportion des Allemands, d'après le recensement de 1910, n'est que de 12,30 p. 100.

qu'on leur présentait comme l'expression de la plus haute civilisation intellectuelle, scientifique et morale, n'hésitaient pas, et que toutes leurs préférences allaient à cette culture française dont on leur disait tant de mal.

Les pangermanistes ont été au premier rang de ceux qui ont cherché à pénétrer les esprits de la supériorité de l'Allemagne, et on a pu voir par les incidents de Saverne et la façon dont ils les ont expliqués dans leurs journaux quelles étaient leurs arrière-pensées à l'égard de la malheureuse Alsace.

Aux Bavarois, qui essayèrent un instant de soutenir que l'impuissance des Prussiens à conquérir les populations Alsaciennes était la condamnation des procédés autoritaires auxquels on avait eu recours, les pangermanistes répondirent qu'ils s'associaient aux protestations de ceux qui déclaraient que l'armée était intangible. Ils n'hésitèrent pas à admettre que l'armée n'était pas obligée de se conformer à la légalité, et que l'officier était placé au-dessus des autres hommes, et cela d'une façon légale (1).

Les pangermanistes ont accepté cette idée que

(1) L'Empereur disait aux recrues le 18 mars 1895 : « Vous portez l'habit de l'Empereur, vous êtes donc devenus supérieurs aux autres hommes ». Cité par L. Quidde, *Revue des Revues*, 15 et 30 janvier 1901.

c'est la Prusse qui incarne la conscience nationale, et que si l'Alsace résiste, elle doit, ce sont les expressions de M. de Jagow lui-même, être considérée comme un « pays hostile ». Nous sommes convaincus, disait au mois de janvier 1914 un journal pangermaniste, que même son annexion à la Prusse serait un remède insuffisant. Tout dans ce pays est corrompu jusqu'à la racine. Il faut que nous battions encore une fois la France pour détruire dans le cœur d'une partie de la population tout espoir de se séparer de nous.

« Les vainqueurs, écrivait K. F. Wolff dans les *Alldeutsche Blätter* en septembre 1913, agissent d'après les règles de la biologie et de la logique quand ils s'appliquent à faire disparaître la langue et à anéantir la nationalité étrangère. Voilà pourquoi il ne faut pas de ménagements, mais simplement l'assurance du droit du seigneur, l'étalage le plus large de la puissance, et le refus le plus sévère des droits politiques. La constitution doit être pour le vainqueur, jamais pour le vaincu. »

Les pangermanistes ont été, en somme, pour beaucoup dans la recrudescence de sévérité dont l'Alsace a été l'objet. Ils ont fait tout ce qu'ils ont pu pour empêcher l'Alsace de rester en contact avec la France, pour gêner ses relations avec la Lorraine, pour lui imposer silence et soumission. Ils ont cherché, depuis les incidents de novembre 1913, à inculquer aux fonctionnaires civils l'état d'esprit des officiers de Saverne. Ils ont contribué à rendre l'opinion « nerveuse », c'est le mot dont se servait un jour M. de Kiderlen-Wächter, et a faire pénétrer dans l'esprit des Allemands cette idée que pour défendre l'Alsace il fallait prendre à la France au moins le reste de la Lorraine.

CHAPITRE IX

LE PANGERMANISME DANS L'ENSEIGNEMENT

La doctrine des pangermanistes a pénétré profondément dans l'esprit du peuple, par l'intermédiaire des instituteurs et des professeurs de toute sorte.

Les Allemands attachent depuis longtemps une grande importance aux questions scolaires. Il est facile de prouver que les écoles allemandes ont puissamment contribué à développer dans les esprits, non seulement un patriotisme intolérant, mais aussi un prodigieux sentiment d'orgueil.

« L'école allemande, dit l'abbé Wetterlé (1),

(1) *Annales politiques et littéraires*, 17 avril 1915.

est avant tout patriotique. On y remplace de plus en plus par l'histoire de la Prusse, celle de l'Autriche ou des pays de l'Allemagne du Sud. Les manuels d'histoire sont pleins de falsifications. Ils n'hésitent même pas à faire l'éloge de la piraterie prussienne. L'esprit critique en est absent. Nous nous trompons singulièment lorsque nous nous imaginons qu'on s'inquiète en Allemagne de développer les facultés individuelles des élèves. »

« L'unité de l'Empire est faite, disait un jour, à un congrès, le célèbre professeur Rodolphe Virchow. Nous devons travailler maintenant à faire l'unité intellectuelle de notre pays. Il faut que nous arrivions à une fusion complète chez tous les membres de notre grande famille politique. »

Pour réaliser ce programme on s'est beaucoup servi de l'histoire, on a cherché par exemple à faire croire que le nouvel Empire était une restauration plus qu'une création. Visitant un jour une école de village dans le Brandebourg, je demandai à l'instituteur de faire réciter à ses élèves quelques-uns de ces « *Lieder* » patriotiques qu'on apprend dans les écoles. Le seul probablement qui fut convenablement su, était le poème célèbre où Rückert raconte la légende de Frédéric Barberousse, qui parti pour la croisade s'était noyé dans le Séleph. Le peuple allemand n'avait pu se persuader qu'il fut mort : on le croyait endormi dans la caverne du Kyffhaüser, au fond des montagnes de la Thuringe. Un pâtre l'y avait vu un jour, assis, dans son armure, sommeillant, le coude appuyé sur une table de marbre dont sa barbe faisait neuf fois le tour. Et la croyance populaire prétendait qu'il se réveillerait à son heure pour ramener les anciens jours de gloire de l'Empire. Et comme arrivé au terme de la poésie, l'enfant entamait une nouvelle strophe, l'instituteur l'arrêta... Cette nouvelle strophe, ajoutée après coup, a pour but de célébrer la restauration de l'Empire par Guillaume Ier, le continuateur de Frédéric Barberousse. Voilà ce qu'on apprend dans les écoles, jusqu'au fond des villages du Brandebourg, pour essayer de donner aux générations nouvelles une plus grande idée de l'Empire ressuscité.

La discipline intellectuelle de l'école a eu sur la mentalité et le caractère des Allemands une très grande influence. Elle a eu pour conséquence principale une étroite soumission des esprits aux conceptions dont le Pangermanisme est devenu la synthèse (1).

(1) V. Poncet. *Ce que pense la jeunesse allemande*. Paris 1913. M. Andrillon (*l'Expansion de l'Allemagne*, p. 94 et 753) a mis

La lecture des revues pédagogiques, celle des ouvrages populaires, de ceux surtout qui s'adressent à la jeunesse, est très instructive. M. Paul Rohrbach, l'auteur d'un livre sur la « Pensée allemande dans le monde » qui a eu un grand succès (1) a entrepris de concert avec M. Ernest Jæckh la publication d'une revue dont le titre « La plus grande Allemagne », est significatif (2).

On peut découvrir dans cette revue toute une doctrine, appuyée sur un programme précis, se manifestant dans la politique intérieure, comme dans la politique extérieure, et montrant la nécessité d'une expansion du germanisme sous toutes ses formes. On y laisse entendre très net-

en relief le caractère belliqueux et nettement anti-français de l'instruction donnée aux jeunes Allemands. On ne peut se défendre d'un sentiment d'indignation en voyant comment on falsifie la vérité pour faire croire aux enfants que « l'Allemagne a accompli les plus grands desseins sous la direction de la divine Providence et par la vertu des ancêtres. » On trouvera des indications utiles sur l'esprit qui règne parmi les instituteurs allemands dans le livre de M. Pilant (instituteur à Charleville). *Le Péril allemand*, Paris 1913, avec un préface du général Bonnal. V. aussi le livre de M. Grosjean : *l'École et la Patrie* et celui de G. Goyau : *L'idée de patrie et l'humanitarisme*. « L'instituteur allemand, dit M. J. Cambon considère comme la partie essentielle de sa tâche de célébrer, même au détriment de la vérité, tout ce qui est allemand et d'inspirer à ses élèves une confiance illimitée dans la supériorité de la race germanique. »

(1) *Der deutsche Gedanke in der Welt*. Dusseldorf et Leipzig 1912. V. aussi du même auteur l'important ouvrage « *Deutschland unter den Weltvölkern*, 3e édition, 1911.

(2) *Das grössere Deutschland*. Dresden, Gordon-Verlag.

tement qu'un choc terrible est inévitable. Le germanisme, dit M. Rohrbach, ne pourra s'imposer qu'au prix de luttes sanglantes et de durs sacrifices, il faut s'y préparer avec joie et confiance, car le monde doit devenir allemand, il doit se soumettre à la discipline germanique, seule capable de le régénérer.

On revient avec complaisance sur la guerre de 1870, non pas seulement pour mettre en relief la valeur des troupes allemandes, et dire que les soldats de l'Allemagne sont invincibles, mais pour expliquer que la restauration de l'Empire, en 1871, n'a été qu'une préface, et qu'il s'agit, après avoir fait l'unité « des tribus germaniques », c'est une des expressions dont l'Empereur aime à se servir, de tirer de ce grand fait historique « toutes les conséquences qu'il comporte. L'Allemagne a un « rôle providentiel à remplir » (1).

Cette idée se retrouve dans un grand nombre de livres de géographie et d'histoire. Voici, par exemple, ce que dit Adalbert Daniel, dans un traité de géographie qui a eu un grand nombre d'éditions : « L'Allemagne, c'est le pays du milieu. C'est l'Allemagne qui est destinée à relier les

(1) V. Pfister. *Das deutsche Vaterland im XIX*[ten] *Jahrhundert (für das deutsche Volk)*. Stuttgart, 1900.

membres épars de l'Europe et à en assurer l'unité. L'Allemagne est le cœur de l'Europe, qui est elle-même le cœur du monde ; son génie est universel ».

La même idée se retrouve dans le *Lehrbuch der Erdkunde* du professeur Hummel, qui ajoute : « De même que dans l'organisme le cœur a pour fonction de faire circuler à travers les membres un sang qui renouvelle les parties vieillissantes et active les plus jeunes, de même l'Allemagne a pour mission de rajeunir, par la diffusion du sang germanique, les membres épuisés de la vieille Europe. »

Les historiens ne sont pas moins audacieux dans leurs affirmations que les géographes.

L'Allemagne apparaît dans leurs ouvrages comme une nation dont la tâche essentielle au cours des siècles a été d'acquérir des territoires et de conserver ceux dont elle avait pu s'emparer.

Le peuple allemand est représenté comme un peuple de maîtres : *Herrenvolk* !

Comment la glorification constante d'une patrie haineuse et conquérante ne perpétuerait-elle pas dans l'esprit des enfants le sentiment de la haine et le désir de nouvelles conquêtes?

« L'Allemagne, écrit Giesebrecht, a un droit de domination parce qu'elle est une nation d'élite. » La race germanique est une race noble à laquelle revient le droit d'agir sur ses voisins. Elle a un droit analogue à celui qui fait que tout homme doué de plus d'esprit ou de force a le devoir d'agir sur les individus moins bien doués qui l'entourent.

Le professeur Reimer insiste particulièrement sur la tâche qui s'impose à l'Allemagne de civiliser la France.

« La race latine, dit-il, a, sans doute, accompli de grandes choses, mais c'est une race usée qui est appelée à dépérir peu à peu. » C'est aux races germaniques qu'il appartient d'infuser un peu de sève dans des veines où circule un sang appauvri. La race germanique est jeune, vigoureuse, pleine d'initiative, l'avenir lui appartient. L'Allemagne ne fait que débuter dans le rôle glorieux qu'elle est appelée à jouer pour le bien de l'humanité. Elle est le noyau du futur « Empire d'occident. »

« Vous ne voulez plus avoir d'enfants, écrit le Docteur Rommel, vous redoutez la charge de leur éducation et de leur entretien. Eh bien, vous payerez pour ceux qui en ont, qui ont besoin de plus de place, et qui n'en trouvant pas chez eux viendront en chercher chez vous. Vous protesterez en vain, ce procédé est naturel. Quand une nation qui grandit a pour voisin un peuple clairsemé, il s'établit une sorte de courant d'air qu'on appelle une invasion. »

« L'avènement d'un peuple à un certain degré de puissance, dit un autre, met en question les positions qui avaient été jusqu'alors acquises dans le monde par l'effort des autres peuples. »

Lamprecht, l'un des signataires du manifeste des intellectuels, qui a la prétention d'écrire au point de vue sociologique, envisage l'histoire comme un développement d'humanité, et une résultante de milieux. Imprégné de Nietzschéisme et très dédaigneux à l'égard des conceptions chrétiennes, il fait de curieux efforts pour donner un « fondement éthique » à l'incommensurable ambition de la race germanique, et pour absoudre ses compatriotes de tous les reproches qui leur ont été injustement adressés. Les procédés à l'égard des Polonais ne sont à ses yeux que la manifestation d'une « énergie nécessaire » (1)

(1) V. l'article de M. André, *Correspondant* du 10 mai 1915, p. 500. On a déjà plus d'une fois relevé l'improbité scientifique de ses ouvrages, très prétentieux, pleins de contradictions et d'inexactitudes. Leur documentation pédante (qui produit au premier abord un certain effet) est souvent ridicule. Ses dernières brochures *Deutscher Aufstieg; Krieg und Kultur*. (Leipzig, Hirzel 1915), laissent une impression pénible.

Lamprecht, est l'initiateur de directions nouvelles qui ont pénétré peu à peu jusque dans les écoles primaires. A son exemple les professeurs allemands ont glissé peu à peu sur une pente qui les a conduits au pangermanisme le plus exalté, qui a fait d'eux des êtres agressifs et hargneux, ne comprenant l'amour de la patrie que sous la forme d'un sentiment de haine envers les autres pays.

Le caractère confessionnel des écoles n'a guère eu ici d'influence. L'instruction religieuse qui est donnée par l'instituteur est, en quelque sorte, partie intégrante d'un enseignement civique qui tend essentiellement à la glorification du *Deutschtum* (1).

Les écoles catholiques ne font pas preuve de plus d'indépendance que les autres. Comme le fait remarquer M. R. Johannet (2), le centre allemand a subi depuis quelques années de profondes modifications. Ce n'est plus une association de

(1) L'éducation, disait un pédagogue à M. Bourdon (*L'Enigme allemande* p. 351), est conduite dans un esprit national. L'amour de la patrie est constamment entretenu dans l'âme de nos élèves. Nous leur enseignons ses beautés naturelles, la grandeur du peuple allemand, son évolution pendant vingt siècles, l'admiration des grands hommes qui ont fait l'Allemagne, Luther et Bismarck, Blücher et Moltke, la fidélité à l'empereur et la gratitude pour l'œuvre historique des Hohenzollern.

(2) *Correspondant*, 25 avril 1915, p. 346.

catholiques luttant, comme ils le faisaient à l'époque des Windthorst et des Mallinckrodt, pour le droit et la justice contre la politique bismarckienne de sang et de fer, ce n'est plus la phalange des champions chevaleresques de la liberté, ce n'est plus qu'un parti allemand interconfessionnel et nationaliste, qui n'élève aucune protestation, ni contre la violation des neutralités belge et luxembourgeoise, ni contre les atrocités commises par les troupes, et qui va jusqu'à préconiser l'annexion définitive à l'Allemagne, de la Belgique et du Luxembourg. Les catholiques allemands nous apparaissent aujourd'hui comme tellement dénués de toute indépendance qu'ils acceptent sans mot dire les doctrines à base panthéiste et antichrétienne dont l'Allemagne est saturée.

La tendance pangermaniste n'est pas moins visible dans l'enseignement des Universités, où il n'est pas difficile de découvrir un curieux effort pour « germaniser » le passé, le présent et l'avenir de l'humanité.

Ce serait se tromper étrangement sur la science allemande que de se la figurer impassible, et de s'imaginer qu'elle est détachée de tous intérêts autre que la seule vérité.

Gaston Paris, disait en 1871, au Collège de

France : « La science n'a d'autre objet que la vérité, et la vérité pour elle-même, sans aucun souci des conséquences que cette vérité pourra avoir dans la pratique ».

La science allemande a un autre but. Elle considère que son rôle essentiel est d'exalter l'orgueil national. Giesebrecht a fait un jour cette réflexion caractéristique : la science ne doit pas être cosmopolite, elle doit être nationale, elle doit être allemande. Cette tendance est déjà fort ancienne. Comme l'a fait judicieusement observer M. André Beaunier (1), Schlegel a composé son cours de littérature dramatique pour faire l'éloge de la civilisation élevée par les Germains sur les ruines de la civilisation gréco-latine; Gervinus a composé son histoire de la littérature nationale pour inciter ses compatriotes à l'action; Mommsen a écrit son histoire romaine pour promouvoir la restauration de l'Empire; les travaux de Ranke, de Sybel, de Treitschke ont pour but d'accroître l'admiration de leurs lecteurs pour la Prusse.

Ottfried Müller est plein de tendresse pour les Doriens qui lui apparaissent comme les Grecs par excellence. Ils ont en effet possédé la

(1) *Revue des Deux Mondes*, 1er février 1915, p. 702.

plus belle organisation militaire, ils ont conçu l'Etat-Dieu ! Houston-Stewart Chamberlain dont l'important ouvrage sur la Genèse du XIXe siècle a eu tant de retentissement, n'hésite pas à déclarer que toute la civilisation est l'œuvre des Germains : Abélard et Nicolas de Pise, Giotto et Cimabué sont d'après lui d'origine germanique. Le Dante avait une physionomie germanique. Alighieri n'est autre chose que le mot allemand Aldiger. D'après l'antropologiste Woltmann, tout ce qui est grand dans l'humanité est germain !

On peut vraiment dire que ce parti-pris de stupide admiration pour tout ce qui est allemand, de haine plus stupide encore pour tout ce qui ne l'est pas, a empoisonné l'Allemagne. Et ce n'est pas sans raison que M. Bellessort (1) pense que si les Allemands ont accaparé le Moyen âge, c'est parce qu'il leur offrait l'image d'un pangermanisme que leur ambition projetait dans l'avenir... Le culte du Moyen âge a recouvert chez les Allemands une politique de haine et de conquête. Ils ont fait entrer dans leur admiration pour cette époque le rêve germanique des temps nouveaux.

(1) *Correspondant*, 25 avril 1915, p. 277.

Quels singuliers catholiques que des hommes comme Goerres, qui parle de brûler l'infidèle Strasbourg pour éterniser la vengeance du peuple allemand, ou d'incendier Reims, le berceau de la race française. Le fond de leur idée c'est l'écrasement de la civilisation celto-romane (1).

Les Germains, dit M. Reynaud (2), considérant qu'ils sont le sel de la terre, estiment que dans n'importe quel ordre de faits il convient de définir le rôle de l'Allemagne, les événements les plus importants de la civilisation ne pouvant avoir leur origine que dans un effort spontané du monde germanique. La science allemande est une annexe de la politique. Les savants de l'Allemagne ne sont pas les simples

(1) Il ne faut pas oublier que J. Goerres est le pieux auteur d'une *Mystique chrétienne* en quatre volumes, qui eut jadis un grand succès. Le catholicisme s'est transformé en Allemagne avec la guerre. Les catholiques eux-mêmes semblent ne voir d'autre Dieu que le Dieu des batailles, dieu vengeur et jaloux. Sous l'influence des pangermanistes, ils considèrent que les Allemands sont les Enfants de Dieu; eux seuls ont le cœur pur, et la conscience tranquille. Les autres sont des brebis égarées : il faut les traiter comme les chevaliers teutoniques ont traité au XIIIe siècle les populations de la vallée inférieure de la Vistule, c'est-à-dire les exterminer. Rien de plus curieux à cet égard que la haine qu'éprouvent les Allemands pour les Anglais. Dieu punisse l'Angleterre, *Gott strafe England!* Ces trois mots s'emploient même aujourd'hui comme formule de politesse. Et on répond : *Er soll es thun*. Il le fera. C'est le *nec plus ultra* du patriotisme.

(2) *Histoire générale de l'influence française en Allemagne*, Paris 1913.

servants de la vérité, ils sont les auxiliaires d'une vérité « allemande » à la fabrication de laquelle ils travaillent, à l'instar de ces autres auxiliaires du pangermanisme qui s'appellent les espions. L'érudition d'outre-Rhin à laquelle nous avons naïvement décerné tant d'éloges a été essentiellement un « subtil travail d'avant-guerre » (1).

La poussée pangermaniste a submergé les aspirations de ceux qui, sincèrement peut-être, souhaitaient que la France et l'Allemagne entretinssent de bons rapports, qui pensaient que leurs qualités se complétaient, qui croyaient que la culture française et la culture allemande pourraient par leur union « devenir le facteur le plus important de la civilisation universelle ».

Les intellectuels allemands nous apparaissent aujourd'hui comme une bande d'énergumènes au sein de laquelle « s'exaltent, comme dans l'ardeur

(1) Ce travail d'avant-guerre, on le retrouve aisément dans les ouvrages des professeurs de droit et notamment dans leur conception du droit comme « puissance ». L'idée de force est en effet l'idée-mère dans la vie juridique de l'Allemagne. « Le droit, dit déjà Savigny, est une force, une fonction du peuple, il est le produit de forces intérieures et silencieuses ». Savigny élimine de sa conception du droit toute intervention de la raison et de la volonté. *Vom Beruf unserer Zeit zur Gesetzgebung*, p. 5, suiv. Nous devons, dit de son côté R. von Ihering, nous incliner, avec un sentiment de vénération devant la force victorieuse, produit mystérieux des forces et des lois morales qui dominent les éclats les plus sauvages de la guerre... La puissance du vainqueur voilà ce qui fait et détermine le droit, v. *Macht und Recht*, 1876.

d'un creuset, tout l'égoïsme, tout l'orgueil, toute l'âpreté, toute la cupidité d'un peuple longtemps malheureux et pauvre. »

Comme l'a très justement remarqué M. Boutroux, la science est restée en Allemagne une affaire de spécialistes et d'érudits, elle n'a pu pénétrer les âmes et influer sur les caractères. Le savant et l'homme chez l'Allemand sont étrangers l'un à l'autre.

Que nous sommes loin maintenant de l'Allemagne, pays de la métaphysique, de la poésie, de la musique, de la religion intérieure, de l'aspiration vers l'infini! Tournée vers la possession des biens matériels, l'Allemagne est animée de l'esprit le plus positif et le plus pratique. C'est le réalisme qui semble le fond du génie allemand (1).

(1) E. Boutroux. Conférence faite à Berlin le 16 mai 1914, reproduite dans la *Revue politique internationale*, sept.-oct. 1914, p. 193. J'ai été souvent frappé comme l'a été M. Cruchet dont le livre sur les *Universités allemandes* (Paris, Colin 1914) jette beaucoup de lumière sur la mentalité de nos ennemis, du fond d'orgueil que ne parvenaient pas à dissimuler ces professeurs allemands qui m'ont le plus souvent très bien reçu, mais chez lesquels j'ai tant de fois senti le mépris, parfois la haine, de tout ce qui n'était pas allemand. On peut les comparer au kaiser qui avait le sourire facile, qui parlait de paix, qui débitait quelques compliments à l'adresse de la France chevaleresque, et qui ne pensait qu'à tenir sa poudre sèche et à aiguiser son épée. Comme M. Cruchet j'ai été frappé du silence voulu des Allemands sur la science française. C'est notre mise en esclavage qu'ils rêvaient et préparaient

L'école est devenue une sorte de machine qui a mécanisé les cerveaux et les volontés. Elle a formé finalement un peuple d'automates n'agissant que sous l'impulsion de guides officiels.

Les officiers peuvent commander à leurs hommes les pires abominations. Tous obéissent. L'indépendance d'esprit n'existe plus en Allemagne. Bebel l'a dit avec raison : « Le peuple allemand est un peuple de valets ».

On peut adresser des reproches à nos instituteurs. Il n'en est pas un du moins qui ait prétendu que la France devait être « au-dessus de tout ». Il n'est pas une école en France où l'on n'enseigne que si la guerre est devenue nécessaire elle doit être loyale, et conforme aux droit des gens. Il n'en est pas une où l'on ne dise que les non-combattants doivent être respectés dans leurs personnes, leur liberté et leurs biens.

dans le silence de leurs consciences. » On peut dire aujourd'hui qu'il n'y a en Allemagne de pensée, de science et d'art que dans le rayonnement du militarisme.

CHAPITRE X

LES PRÉTENTIONS A L'HÉGÉMONIE.

De toutes les idées dont le Pangermanisme est la synthèse, il n'en est pas de plus inquiétante que celle qui aboutit à conférer à l'Allemagne, l'hégémonie dans le monde.

Les Allemands, disait dernièrement le grand journal danois *Politiken*, veulent sentir le battement d'ailes de leur esprit sur le monde entier. La guerre est pour eux, dans leur sentiment le plus intime, la guerre de conquête de la pensée allemande, de la manière d'être allemande. Tout doit céder devant le peuple allemand, c'est le seul peuple de culture complète, *das einzige Vollkulturvolk!*

« Nous sommes arrivés, dit Friedrich Naumann, à une heure historique qui a pour nous une importance capitale; l'enjeu de la lutte engagée, c'est « la direction qu'il convient de donner à l'humanité ». Il s'agit pour nous d'arriver à la centralisation de la maîtrise du monde. La tâche que nous avons à accomplir est tellement importante pour la race germanique, que devant cette considération, toutes les considérations morales doivent s'effacer. La race allemande, race supérieure, doit devenir la race maîtresse dans le monde ».

Et pourquoi la race allemande est elle la race supérieure? C'est Ostwald qui nous le dit : sa supériorité lui vient de son organisation. « L'Allemagne est le pays par excellence de l'organisation. L'organisation, voilà le facteur nouveau que nous avons fait entrer dans l'histoire de la civilisation. Le monde est encore à l'état anarchique, c'est à nous qu'il appartient de l'en faire sortir. On nous en sera un jour reconnaissant. Les autres nations viendront chercher en Allemagne une santé nouvelle, car nous sommes destinés à faire le bonheur de l'humanité ».

« La culture allemande, dit Otto Gierke, est la meilleure, la plus robuste, la plus susbtantielle, elle est l'élément le plus indispensable de la civilisation universelle ».

« Quand nous serons vainqueurs, écrit Lujo

Brentano, les autres peuples accepteront d'autant plus facilement notre victoire que nous montrerons mieux que nous avons conscience de nos devoirs de chefs. Il faut que les autres nations comprennent que, sous notre direction le progrès de la civilisation est en bonnes mains ».

« Nous poursuivons, dit Adolf Lasson, une œuvre civilisatrice, nous n'avons à nous excuser de rien. Dieu est avec nous. Le germanisme est l'aboutissement le plus parfait des phases antérieures de l'histoire. Nous sommes une race supérieure. Or les races supérieures sont destinées à dominer, les races inférieures sont condamnées à servir les autres ».

« Il appartient à l'Allemagne, avait déjà dit Schleiermacher, de prendre possession du monde entier. » (1)

« L'Allemagne, la nation noble par excellence d'après Treitschke, a pour mission de préparer à l'humanité une ère nouvelle. Qu'elle ne

(1) V. aussi P. de Lagarde *Deutsche Schriften*, 3e éd. 1892 et la curieuse brochure : *Ein Deutsches Weltreich*. Berlin, 1892.

On trouvera d'intéressantes remarques sur l'état d'esprit que les doctrines pangermanistes ont fait naître dans les livres de A. Andrillon (*L'Expansion de l'Allemagne*), Paul Vergnet (*La France en danger*) et Louis Bruneau (*L'Allemagne en France*). V. aussi le petit livre si suggestif de M. J. Flach. *Essai sur la formation de l'esprit public allemand*. Paris, 1915.

s'arrête devant rien pour développer sa puissance. Le puissant plait en tout ce qu'il fait, en tout ce qu'il dit. Là même où il déplait, il semble plaire encore » (1).

Nous assistons à l'épanouissement des néfastes doctrines de Nietzsche, et de sa théorie du surhomme.

Comme Nietzche (qui est mort fou) faisait quelques réserves sur ses compatriotes, ceux-ci se sont emparés des idées émises par un gentilhomme diplomate dont ils ont fait un grand homme. Dans un essai sur l'inégalité des races humaines, le comte de Gobineau, qui pensait d'ailleurs qu'il n'existait pas de race pure, avait cru découvrir dans les populations de l'Europe centrale des indices de supériorité. Il supposait que l'homme supérieur devait être incarné par le dolichocéphale blond aux yeux bleus (type

(1) M. E. J. Moneta a raconté dernièrement dans *la Vita internagionale* (n° du 20 oct. 1914) comment en 1909 le correspondant d'un grand journal lui disait à Berlin : L'orgueil allemand devient si exubérant que dans huit ou dix ans l'Europe sera devenue une immense caserne allemande. Pour un grand nombre de philosophes, de juristes, d'historiens, le droit à l'hégémonie politique et militaire de l'Allemagne en Europe est devenu un article de foi. « Nous ne pouvons admettre, disait naguère un colonel bavarois prisonnier, que la race latine et la race slave prétendent continuer d'exister en face de la race germanique, c'est-à-dire en face d'une culture supérieure ». Cité par L. Bertrand, *Nietzsche et la Guerre*, *Revue des Deux Mondes*, avril 1915.

qui est en effet assez répandu chez les Allemands).

Ses affirmations, qui ne sont étayées d'aucune preuve, flattaient les peuples germaniques. Ils ont fait de Gobineau un grand homme (1). Et le Gobinisme s'est combiné avec le Nietzschéisme, qui a enthousiasmé les Allemands et peu à peu étouffé les vieilles vertus désintéressées des populations germaniques (2).

Comme le fait remarquer M. Prüm (3) l'atmosphère intellectuelle de l'Allemagne est aujourd'hui profondément imbue de Nietzschéisme.

Les idées de Nietzsche et sa thèse de la surhumanité ont grisé les jeunes générations. Elles se sont combinées avec une « libre pensée » qui

(1) C'est ainsi qu'on fonda un *Gobineau-Vereinigung* qui s'allia à la ligue pangermaniste, et s'empressa de mettre à la disposition de celle-ci un certain nombre d'exemplaires de la traduction allemande de l'*Essai sur l'inégalité des races humaines*. Tous les partisans du germanisme agressif ont fait un grand éloge (en les falsifiant au besoin) des théories du diplomate français. V. Ludwig Schiemann. *Gobinaus Rassenwerk*, Stuttgart, 1910. Les Allemands ont fait appel en vain à l'anthropologie pour établir la supériorité de la race germanique. Ils ont prétendu qu'ils avaient un indice céphalique supérieur à celui des autres peuples de l'Europe. (L'indice céphalique est le rapport entre le diamètre frontal et le diamètre maximum antéro-postérieur). Or, il parait que l'indice céphalique des Allemands est à peu près le même que celui de Hottentots, ou que celui des Papous de la Nouvelle-Guinée.

(2) Voir à ce sujet le bel article du *Times*, traduit par M. Clutton-Brock. *Foi et Vie*, 1er mars 1915, p. 130.

(3) Dans une brochure analysée par M. R. Johannet, *Correspondant* du 25 avril, p. 350. Cf. l'étude de M. V. Delbos sur l'esprit philosophique de l'Allemagne. *Foi et Vie*, 1er avril 1915 p. 58.

s'est mise au service du pangermanisme et dont l'idéal est une sorte de néo-paganisme allemand à base d'orgueil. C'est avec raison que la la grande revue moniste, le *Zeitgeist* voit en Nietzsche l'homme dont les doctrines germent magnifiquement, « car il a débarrassé les Allemands de l'au-delà, de l'altruisme, et de l'humilité. » Il est pénible de constater que les catholiques allemands ont été grisés, eux aussi, par ces rêves de domination temporelle. Ils se sont laissé emporter par le souffle nietzschéen. Ils sont menés par les pangermanistes.

L'idée de surhomme devait naturellement conduire à l'idée de surnation.

Mais une surnation ne peut se réaliser que par l'humiliation et l'oppression des nationalités qui n'ont pas l'honneur de faire partie de la race élue. Le germanisme doit donc écraser le monde slave, le monde latin, le monde anglo-saxon (1). Et ceux des pangermanistes qui s'occupent plus particulièrement d'anthropologie, ne manquent

(1) Ces idées étaient celles de Lamprecht qui estimait que l'Als lemagne devait imposer sa tutelle aux races inférieures (nous étions une de ces races-là) et prétendait que les petits peuples n'étaient que des parasites à la disparition desquels il fallait travailler. Voir l'article que j'ai consacré à ce « malfaiteur ». *Monde Économique*, 22 mai 1915, p. 333. Cf. sur les idées de Treichke, l'article de M. Henri Bois. *Foi et Vie*, 1er mai 1915.

pas d'ajouter que c'est une erreur préjudiciable à l'humanité, de soutenir les peuples faibles ou moins vigoureux. Place aux forts! L'Allemagne n'a pas de tâche plus importante à remplir que d'établir d'une façon indiscutable sa puissance. Elle doit « maintenir la vigueur de la race » et la « perpétuité de ses qualités offensives ».

Ces doctrines néfastes ont eu une profonde influence sur le cerveau des hommes les plus doux, les plus libéraux, de ceux qui trouvaient inquiétant, il y a quelques années à peine, le militarisme, dont Constantin Frantz disait courageusement : « Avec le militarisme prussien il suffirait d'une génération d'hommes pour que ce qu'on appelait autrefois la culture allemande, l'esprit allemand, le sentiment allemand, deviennent une fable ».

Les esprits qu'on croyait les plus élevés en sont venus à fermer les yeux de parti pris sur les pires brutalités, sur des destructions aussi injustifiables au point de vue du droit des gens qu'inutiles au point de vue stratégique. Ils acceptent les théories par lesquelles on excuse des actes abominables, des actes dignes des alliés « Turcs ».

« Notre armée, dit Adolf Lasson, est l'image réduite de l'intelligence et de la moralité du peuple allemand, nous n'avons à nous excuser de rien » (1).

On peut voir dans de pareils propos la manifestation d'une sorte de délire collectif, délire qui ne peut s'expliquer que par une soif de domination, un appétit de conquête, comme le monde n'en avait jamais connu.

« La victoire de l'Allemagne, dit la *Gazette de Francfort*, est une nécessité métaphysique. Nous ne sommes pas encore au terme de notre tâche. Il est possible que nous ayons encore de rudes épreuves à supporter. Ce n'est pas un mal. Le mal eut été de remporter une victoire trop facile qui nous eut rendus orgueilleux. Le fait que nous pouvons mener cette guerre comme nous la menons, prouve que le grand principe raisonnable de l'Univers est de notre côté. Le monde verra que la cause de l'humanité, de la vérité et de la justice ne sauraient être en de meilleures mains qu'entre les mains du peuple allemand. » (2).

Ces idées sont celles de l'Empereur. On trouve dans ses discours des phrases caractéristiques.

(1) Cf. la récente brochure de G. von Below. *Militarismus und Kultur in Deutschland* (a paru d'abord dans la revue *Scientia*).

(2) Cf. la brochure de Ernst Schulze. *Was verbürgt der Sieg*, janvier 1915.

« Il n'y a plus que le peuple allemand, disait-il un jour, qui soit appelé à défendre avant tout, à cultiver, à développer les grandes idées.

« Notre peuple allemand sera le bloc de granit sur lequel le bon Dieu pourra terminer l'édification de son œuvre de civilisation du monde. »

Ces rêves insensés ont pénétré les masses populaires. J'ai pu m'en convaincre en causant avec des blessés et des prisonniers. On a inspiré au peuple une confiance illimitée dans le germanisme et une admiration sans borne pour la *deutsche Kultur*, une foi imperturbable dans la valeur personnelle de l'Empereur et dans la mission providentielle de l'Allemagne (1).

L'auteur d'un curieux ouvrage, signalé par M. Ernest Seillière, dans le *Journal des Débats*, du 24 août 1904 (2), déclare que l'armée prussienne constitue, avec son pas de parade, symbolique, le « type » d'une société rythmée (3).

Et ces sentiments se retrouvent dans toutes les classes de la société et dans tous les partis politiques. Ce sont ceux des conservateurs comme

(1) Cf. P. Baudin, *L'Empire allemand et l'Empereur*, p. 342.

(2) Cf. *Les mystiques du néo-romantisme*, p. 27. V. aussi *Revue Hebdomadaire*, 15 mai 1915.

(3) Cf. B. Poten. *Geschichte des Militär-Erziehungs und Bildungswesens in den Landen deutscher Zunge*. Berlin, 1897; et Eucken. *Deutscher Militarismus* dans la revue *Das grössere Deutschland*, 14 nov. 1914, p. 957.

ceux des libéraux. Ce sont ceux aussi des socialistes qui osent à peine formuler quelques réserves.

Nous pouvons constater maintenant qu'ils ont été prodigieusement influencés par les doctrines pangermanistes. Ceux qui suivent l'évolution du socialisme allemand ont constaté depuis longtemps déjà qu'il a beaucoup changé. Il s'est peu à peu adapté aux courants de « nationalisme » qui s'accentuaient dans le pays. Depuis longtemps déjà l'impérialisme exerce une sorte de fascination sur l'esprit des ouvriers. Depuis longtemps déjà la pensée socialiste dans le sens vrai de ce mot, ne fait plus en Allemagne de conquêtes (1).

Sous l'influence des pangermanistes le peuple allemand, après avoir fait preuve depuis un demi siècle de beaucoup d'ardeur au travail et de qualités de méthode auxquelles tous les observateurs ont rendu hommage, s'est laissé aveugler par un tel orgueil que le monde ne pourra être en paix que le jour où il sera écrasé.

(1) Ainsi qu'on l'a fait souvent remarquer (V. notamment J. Flach. *Essai sur la formation de l'esprit public allemand*, p. 70), l'âme allemande reçoit très facilement l'empreinte des circonstances extérieures. Goethe avait déjà observé que les Allemands se laissaient facilement dominer. Madame de Staël a relevé leur esprit de soumission. Les Prussiens n'ont pas eu de peine à leur imposer leur « volonté rigide et dominatrice ».

CHAPITRE XI

LES PANGERMANISTES ET LA GUERRE

Y a-t-il eu des Allemands convaincus que les prétentions de l'Allemagne à l'hégémonie pourraient se réaliser par des voies pacifiques ? Il est aujourd'hui permis d'en douter. En tout cas les pangermanistes se rendent compte depuis longtemps que c'est seulement par la force que le *Deutschtum* pourra s'imposer.

Les Allemands savent qu'ils ne sont pas aimés dans le monde. « L'Europe conspire contre nous, écrit Adolf Lasson, nous n'avons point d'amis. Tous nous regardent comme dangereux « parce que nous sommes moralement supérieurs. »

C'est le même sentiment qui inspirait M. de

Bulow lorsqu'il disait au Reichstag : « Quand on ne peut se faire aimer, il faut se faire craindre ».

Pour se faire craindre on peut d'abord essayer de recourir à l'intimidation. L'Allemagne pratique le terrorisme comme jamais pays ne l'a fait. Mais comme l'intimidation ne peut suffire, il ne faut pas hésiter à proclamer la nécessité de la guerre. La guerre n'est-elle pas la tradition fondamentale des races germaniques? N'est-ce pas « par le fer et le sang » que se constituent les grandes nations?

On est frappé, en étudiant la littérature contemporaine de l'Allemagne, de voir quel éloge on fait de la guerre. « C'est la guerre, dit une brochure pangermaniste, qui donne aux peuples forts la place dont ils ont besoin pour grandir. Si nous voulons nous développer, il faut reconnaître la nécessité de la guerre, devenir les croyants de la guerre éternelle. La guerre, c'est le cri d'éveil pour les peuples saints, le cri de mort pour les peuples malades. La guerre c'est le jugement de Dieu. C'est la guerre qui révèle la valeur des peuples. » (1)

Je te salue, écrit le poëte Geibel, sainte pluie de feu. Nous guérirons dans tes flammes et mon cœur te répond par des battements de joie. Aigle

(1) Cf. Julins Hoppenstedt. *Sind wir Kriegsfertig.* Berlin 1910.

au puissant essor, en avant! L'Allemagne respire. Elle accorde déjà ses harpes pour célébrer ses victoires (1).

« C'est par la guerre, dit plus prosaïquement le général de Bernhardi, et par la guerre seulement que peut se réaliser l'expropriation des races incompétentes. Le monde, dit-il, est dominé par cette idée que la guerre est un instrument politique suranné, indigne d'un grand peuple civilisé. Nous, Allemands, ne devons pas nous laisser entraîner par de semblables théories. Les tribunaux d'arbitrage sont un danger car ils peuvent empêcher un déplacement des puissances respectives. Si nous voulons obtenir pour notre nation la place qui lui convient dans le monde, il faut nous confier à notre gloire. »

Comme le fait justement observer M. J. Flach (2), la force dans toute sa sauvagerie devient légitime pour le peuple élu. Tous ceux qui lui résistent vont à l'encontre du droit. Ils n'ont que le choix de se soumettre ou d'être exterminés.

Notre époque, a dit Treitschke, est une époque

(1) Cf. le livre d'Adolf Mathias : *Krieg und Schule*, Berlin-Hirzel. Nous avons été l'enclume pendant des siècles ; nous devons être maintenant le marteau. Il faut nous enthousiasmer pour la guerre qui forme les caractères et ennoblit les cœurs.

(2) *Essai sur la formation de l'esprit public allemand*. Paris 1915, p. 83.

de guerre, notre âge est un âge de fer. Le fort doit l'emporter sur le faible; c'est une loi de la vie (1).

La guerre apparaît d'autant plus comme une nécessité que l'Allemagne n'a pas de bons diplomates.

« Depuis la chute de Bismarck, disait le général Keim dans un article de la *Tägliche Rundschau*, la diplomatie allemande est très faible. L'Allemagne sert d'enclume aux intrigues qui se nouent à Paris, à Saint-Pétersbourg et à Londres. Nous avons déjà laissé passer des occasions favorables de régler nos comptes. Le moment est venu d'agir à la Bismarck (*Bismarckisch handeln*). »

« Le militarisme, écrit le professeur Theobald Ziegler, c'est le centre de notre société allemande. Il sert de modèle à toute notre existence. C'est grâce à Bismarck que nous ne sommes pas seulement un peuple, mais une puissance. Lui, le grand réaliste, a fait ainsi de nous aussi des réalistes (2) ».

(1) Cf. Julius Duboc. *Hundert Jahre Zeitgeist in Deutschland.* Leipzig, 1899.

(2) Theobald Ziegler. *Die geistigen und socialen Strömungen der neunzehnten Jahrhunderts.* Berlin, 1899. Cf. C. Frantz et O. Schuchardt. *Die deutsche Politik der Zukunft*, 1899-1900.

C'est la même idée qui inspirait Maximilien Harden, lorsqu'il écrivait : « Notre victoire nous absoudra ».

Oui, la réalité suprême, c'est le recours à la force.

« La réalité, disait en 1912, Alfred Kerr à M. Bourdon (1) c'est la menace permanente de la guerre. La guerre est en puissance au fond de tout incident qui accusera les antagonismes. Voilà la vérité que les cœurs mâles doivent regarder en face. Vous êtes en France aveuglés par les illusions. Vous vous donnez le luxe d'idées humanitaires. Vous croyez à la justice, à la bonne foi, à la paix, à la fraternité. C'est très dangereux. Vous dites : la guerre, la violence, la conquête, tout cela est bien démodé, bien vieux jeu, moi je vous réponds : ce n'est pas démodé, ce sera demain! »

Et dans une brochure qui reçut l'approbation du Kronprinz, le Colonel Frobenius conseillait à l'Allemagne de ne pas laisser à la France et à la Russie le temps de parachever leurs armements. L'Allemagne ajoutait le fougueux pangermaniste, doit marcher de suite (2).

(1) *L'Énigme allemande*, p. 225.

(2) Frobenius, *Des deutschen Reiches Schicksalstunde*, Berlin K. Curtius 1914. Cf. l'article de M. Delaporte, *Correspondant* du

Cette conviction de la nécessité de la guerre était nettement signalée dès le 6 mai 1913, par notre ambassadeur à Berlin (1) M. Jules Cambon rapporte une conversation tenue dans un milieu allemand, par le général de Moltke, qui avait déclaré nettement que la pensée de l'Etat Major général était d'agir par surprise. Il faut, disait M. de Moltke, laisser de côté les lieux communs sur la responsabilité de l'agresseur. Lorsque la guerre est devenue nécessaire, il faut la faire en mettant toutes les chances de son côté, le succès seul la justifie.

M. de Moltke ajoutait : « L'Allemagne ne doit pas laisser à la Russie le temps de mobiliser, il faut prévenir nos adversaires et commencer la guerre sans attendre, pour écraser brutalement toute résistance ».

« Voilà, conclut M. Cambon, l'état d'âme des milieux militaires ; il répond à l'état d'âme des milieux politiques. Les Allemands ne craignent pas la guerre, ils en acceptent pleinement la possibilité, ils ont pris les mesures en conséquence.

25 octobre 1914, et les réflexions de T. Meineke, cherchant à prouver que l'Allemagne fait une guerre de libération. *Nationalismus und nationale Idée.* Conférence reproduite dans l'ouvrage *Die deutsche Erhebung von 1914.* V. aussi les *Kriegsaufsätze* d'Houston-Stewart Chamberlain.

(1) *Livre jaune*, pièce n° 3.

« Sans doute, il y a dans le pays, écrivait notre ambassadeur en Allemagne à la date du 30 juillet 1913 (1) des forces de paix, mais ces forces sont inorganiques et sans chefs populaires.

« Les socialistes ne sauraient empêcher la guerre. Nous nous faisons illusion en France parce que nous sommes un pays de suprématie du pouvoir civil. L'Allemagne est le pays de la suprématie du pouvoir militaire.

« Il y a en Allemagne un parti de la guerre, avec des chefs, des troupes, et une presse convaincue ou payée pour fabriquer l'opinion, et ce parti agit sur le pays avec des idées claires, des sentiments ardents, une volonté frémissante et tendue ».

Et le 22 novembre 1913, M. Cambon ajoute, se référant à une conversation entre l'Empereur et le roi des Belges :

« L'hostilité contre nous s'accentue. L'Empereur a cessé d'être partisan de la paix. Il n'est plus le champion de la paix contre les tendances belliqueuses de certains partis allemands. Guillaume II en est venu à penser que la guerre avec la France est inévitable. Il croit naturellement à la supériorité écrasante de l'armée alle-

(1) *Livre jaune*, pièce n° 5.

mande et à son succès certain. Le général de Moltke déclara lui aussi, la guerre inévitable et se montra plus assuré encore du succès : « Il faut en finir, et votre majesté ne peut se douter de l'enthousiasme irrésistible qui ce jour-là entraînera le peuple allemand tout entier » (1).

M. Kerr l'avait dit aussi à M. Georges Bourdon. Dans l'esprit de tout Allemand on peut trouver aujourd'hui ces deux faits : l'attrait exercé par la France, et l'acceptation de l'idée de guerre.

Le conseiller d'Etat Martin après avoir montré dans un article publié par le *Standard*, au mois de juillet 1907, que les destinées de l'Allemagne l'amèneraient inévitablement à incorporer un jour les provinces baltiques (russes) a resserrer ses liens avec l'Autriche, a établir le protectorat allemand sur la Turquie d'Europe et d'Asie, a incorporer la Belgique et la Hollande ajoutait :

« L'Allemagne n'attendra pas d'être attaquée, elle n'attendra pas non plus que la coalition anti-allemande soit en meilleure position, pour lui dicter des conditions. Elle attaquera au premier indice lui montrant ses intérêts ou son honneur menacés ».

(1) *Livre jaune*, pièce n° 6.

« Je ne vous conseille pas la paix, avait dit Nietzsche (1) mais la victoire. Une bonne cause dit-on, sanctifie même la guerre. Moi je dis : c'est la bonne guerre qui sanctifie toute cause »!

Et le général de Bernhardi trouvant (c'était en 1912), que la situation politique de l'Empire allemand ne correspondait ni à la « valeur de la civilisation de son peuple » ni à l'importance économique de l'élément allemand à l'étranger, laissait entendre qu'on allait mettre fin par la guerre à une telle situation et fonder par la force la puissance de l'Allemagne sur des bases inébranlables (2).

Pour placer l'Europe sous la férule de l'Allemagne, il déclarait nettement qu'il n'y avait qu'un moyen : le recours aux armes. « La guerre est le prolongement de la politique par d'autres moyens. C'est l'instrument de la politique le plus efficace. Nous devons même affirmer que la possibilité de la guerre comme moyen extrême est une hypothèse nécessaire de la politique. Entre les États qui n'arrivent pas à concilier leurs intérêts opposés il n'y a d'autre dynamomètre que

(1) *Œuvres*, t. VI, p. 67.

(2) V. ses deux principaux ouvrages. *Deutschland und der nächste Krieg* (chap. III) et *Unsere Zukunft* (chap. VI). Trad. fr. p. 89. V. aussi p. 64-67.

la guerre » (1). C'est une erreur de prétendre que la guerre est une barbarie, une contradiction avec la loi chrétienne de l'amour et qu'elle est indigne d'un peuple civilisé avancé. « Il faut saper ces idées par la base... La guerre dans l'intérêt d'une grande cause, doit être considérée comme la plus haute expression de la vraie civilisation, comme une nécessité politique, dans l'intérêt du progrès biologique, social et moral. » (2).

Cette guerre (et on sait aujourd'hui comment les Allemands la pratiquent), Bernhardi la con-

(1) Bernhardi reprenait ici l'idée du général Clausewitz. La guerre est une partie de la politique. La paix ne doit servir qu'à la préparation de la guerre, qu'il faut pousser aussi loin que possible, car la préparation de la guerre est une partie de la guerre elle-même. Cf. le livre de Eltzbacher, *Modern Germany*, p. 126; et celui de Von der Goltz, *La nation armée*, trad. Jaglé, p. 458.

(2) Quel contraste entre ces déclarations et celles que faisait J.-J. Rousseau au XVIIIe siècle.

« Dire que le droit c'est la force, c'est nier tout espèce de droit. En effet, qui dit droit, dit quelque chose de fixe, de permanent. Or, si la force fait le droit, toute force qui succède à la première, succède au droit et le lui enlève. Dire que le plus fort a le droit revient donc à dire : le plus fort est le plus fort, tant qu'il est le plus fort. Le mot droit est ici superflu, il n'ajoute rien à la force ; que si on entendait dire par là que non seulement la force est la force, mais que parce qu'elle est la force, elle a le droit au respect, qu'il faut non seulement y céder matériellement, mais que l'esprit doit s'incliner devant elle, qu'on lui doit l'obéissance et l'hommage, on fait pire que de nier la notion du droit, on la profane indignement. Méconnaitre le droit là où il est, c'est déjà une erreur grave, mais prétendre obtenir par la force le culte qui n'est dû qu'au droit, c'est le renversement de la conscience ».

sidérait, en 1912, comme *prochaine*. « A travers toutes les belles paroles des hommes d'État et tous les discours utopistes des apôtres de la paix, malgré tous les liens factices par lesquels la diplomatie européenne cherche à entraver les forces puissantes qui s'exercent dans la vie des hommes, j'entends déjà la marche du Dieu qui les brisera lamentablement ». (1)

Nietzsche n'avait-il pas dit dans sa monstrueuse parodie des Béatitudes : « Vous avez entendu des hommes dire : Bienheureux les pacifiques; mais moi je vous dis : Bienheureux ceux qui font la guerre, car ils seront appelés, sinon les enfants de Jéhovah, du moins les enfants d'Odin, qui est plus que Jéhovah. »

La nécessité de la guerre une fois reconnue, on en tire cette conclusion que la guerre doit être poursuivie avec toute l'énergie possible. « L'Allemagne, dit M. Bergson, considère que rien ne lui est interdit de ce qui peut l'aider à asseoir sa domination. Qu'on ne lui parle pas d'un droit inviolable! Le droit est ce qui est inscrit dans un traité : le traité est ce qu'enregistre la volonté du vainqueur, c'est-à-dire la

(1) *Notre avenir* (trad. par E. Simonnot) Paris 1915. V. notamment chap. II et IV. Ces conceptions concordent pleinement avec les déclarations que Bernstein a faites à M. Ibanez de Ibero (V. le *Correspondant* du 25 avril 1915, p. 198).

direction actuelle de sa force, donc la force et le droit sont la même chose. Et s'il plaît à la force de prendre une direction nouvelle, le droit devient de l'histoire ancienne. Le traité qui le consacrait n'est plus qu'un chiffon de papier (1). »

Il ne faut surtout s'arrêter devant aucune considération de sentimentalité.

Krieg ist Krieg! C'est la théorie de la guerre absolue, de la guerre sans scrupules et sans pitié. Oui, il faut rendre la guerre écrasante. Plus elle sera atroce, mieux cela vaudra.

Toute sensiblerie est une faiblesse, écrit un des chefs du centre, M. Erzberger, plus la guerre est impitoyable et cruelle, plus elle est humaine, car elle aboutit de cette façon plus rapidement à une solution satisfaisante. Et M. Erzberger estime que tous les moyens sont bons pour anéantir l'adversaire.

Si donc, pour obtenir la victoire, et conquérir l'hégémonie désirée, l'Allemagne croit

(1) Le droit historique écrivait Wuttke en 1865 (*Ueber die Gewissheit der Geschichte*) reposant sur la force, la plus grande « immoralité » c'est d'être faible! On sait d'ailleurs que les disciples de Nietzsche se nomment eux-mêmes les immoralistes. Ils prétendent être au-dessus du bien et du mal. Pour eux le christianisme est une erreur qui a tenu l'Europe en esclavage depuis vingt siècles. La devise que le général de Bernhardi a placée en tête d'un de ses livres : *La guerre et l'audace ont fait plus que la charité pour l'espèce humaine*, est tirée du principal livre de Nietzsche : *Ainsi parlait Zarathustra*...

avoir un intérêt quelconque à terroriser des populations inoffensives, à piller et saccager, à détruire les œuvres d'art, à incendier les villes ouvertes, à massacrer les vieillards, les femmes ou les enfants, elle ne doit s'arrêter devant aucune considération d'humanité. Elle est investie d'une mission. L'œuvre qu'elle accomplit est une œuvre de salut.

« Nous n'avons pas à nous justifier, dit le général von Disfurth ; tout ce que ferons nos soldats pour faire du mal à l'ennemi, nous l'acceptons d'avance. La destruction des œuvres d'art ne nous cause pas le moindre regret (1). »

Tout se fera d'ailleurs avec ordre, méthode, discipline. Tout se fera scientifiquement! La *deutsche Kultur* c'est la barbarie « organisée », c'est la barbarie « qui s'est renforcée elle-même en captant les forces de la civilisation ».

Comme le disait naguère l'éminent président de l'Université Harvard, George W. Eliot, il est impossible de ne pas voir une régression de l'humanité dans le conflit où se débat actuellement l'Europe (2). Il est impossible d'accepter

(1) Guillaume a cité un jour les vers de H. de Kleist : « Que nous importe la règle selon laquelle *notre ennemi* est abattu quand il est à nos pieds, lui et tous ses étendards. La règle qui l'abat est la plus haute de toutes. »

(2) V. le livre qu'il vient de publier sous le titre *Road toward*

des théories qui aboutissent à proclamer que les petites nations n'ont pas les mêmes droits que les grandes. On ne peut répondre que par la force comme l'a dit Roosevelt, a une telle politique de fer et de sang (1).

peace. Le peuple allemand s'est placé lui-même en marge de la civilisation. Lord Curzon l'a dit plus énergiquement : le chien enragé de l'Europe doit être enchaîné.

(1) Dans un toast prononcé au mois de mars 1900 à l'Académie prussienne des sciences, à l'occasion du 200e anniversaire de sa fondation, le prince Clovis de Hohenlohe Schillingsfürst déclarait que sa foi dans la marche ascendante de l'humanité était très ébranlée. « La loi naturelle de la lutte pour l'existence a revêtu un caractère qui fait songer plutôt aux phénomènes du règne animal, et qui fait craindre une évolution en ligne descendante ». *Mémoires*, t. III, p. 370.

CONCLUSION

« Les peuples, a dit M. Izoulet en parlant la philosophie de Hegel, se condensent dans leurs penseurs. Par dessus les frontières les penseurs croisent en silence leurs pensées acérées comme des épées invisibles. D'où les victoires et les défaites des races. Le galop des escadrons n'est que l'ultérieure et retentissante notification des résultats. »

Nous voyons aujourd'hui, en constatant la frénétique exaltation des sentiments et des appétits, dans toutes les classes et dans tous les partis, quelles sont les conséquences des doctrines dont nous avons essayé de donner une idée. C'est grâce à l'effort des pangermanistes que le peuple allemand tout entier est prêt à s'incliner, avec une servilité que nous avons peine à comprendre, devant les conceptions les plus odieuses. C'est grâce aux pangermanistes que les Allemands, chez lesquels nous croyons pouvoir découvrir une certaine bonhomie naturelle, en sont venus à repousser, comme une faiblesse, cet héritage de bonté, de pitié, d'humanité que nous supposions le fruit définitif de longs siècles d'efforts.

Et nous voici en présence d'une morale qui tend à excuser toutes les perfidies et toutes les violences, pour peu qu'on les juge directement ou indirectement utiles au pays, d'une morale qui consiste, à dire : sois dur, sois cruel, sois un maître.

Nous avons une autre idée de la civilisation. Nous repoussons avec indignation l'admiration que les Allemands éprouvent pour cette culture indissolublement unie au militarisme qui aboutit au triomphe de la force, au perfectionnement scientifique des moyens d'asservir les sociétés qui sont matériellement les plus faibles.

La foi mystique dans la supériorité du *Deutschtum* que les pangermanistes ont développée est devenue une sorte de démence, elle est d'autant plus inquiétante pour les autres peuples de l'Europe, qu'elle se combine avec « un fonds irréductible de barbarie ».

Les Allemands travaillent aujourd'hui a démolir l'édifice de la civilisation construit pendant des siècles.

Les esprits ont été tellement faussés que nous ne pouvons malheureusement nous attendre à voir nos adversaires se débarrasser de l'empreinte laissée dans leurs cerveaux par des doctrines déplorables. Ils sont intoxiqués! Il est maintenant difficile de croire qu'ils puissent jamais reconnaître que la force ne doit être qu'un accident dans l'histoire de l'humanité, et qu'il ne faut pas confondre « organisation » avec civilisation?

La guerre d'extermination qu'ils ont entreprise impose aujourd'hui aux nations civilisées une lourde tâche. Il faut qu'elle aboutisse à une paix, qui ne soit pas cette « paix allemande » dont parlait naguère M. de Bethmann Hollweg, cette paix qui permettrait à une race de proie de s'imposer à l'humanité. La paix que tous les hommes de cœur appellent aujourd'hui de leurs vœux ne peut être que la paix bienfaisante qui marquera la réparation des iniquités, et donnera aux peuples de l'Europe des garanties contre des prétentions inacceptables.

Le premier devoir des vainqueurs sera de briser un pangermanisme inconciliable avec la sécurité de l'Europe et le progrès de l'humanité.

Et alors quel effondrement pour nos ennemis!

Les vaincus qui défendent le droit, conservent après la défaite le sentiment de leur supériorité morale sur leur vainqueur. Que pourront dire les Allemands qui estiment que c'est la force qui crée le droit, quand ils auront perdu la force.

Henri Heine annonçait il y a un demi siècle qu'un jour viendrait ou on verrait renaître les conceptions de l'antique Germanie, où le marteau du dieu Thor démolirait les cathédrales, où l'Allemagne si faiblement christianisée se retrouverait elle même, en revenant aux idées du paganisme et au culte de son vieux dieu.

Les Pangermanistes ont été au premier rang de ceux qui ont travaillé à faire de cette prédiction une réalité.

Ils ont donné à la guerre un caractère odieux et ont fait reculer de dix-huit siècles la civilisation.

C'est en vain qu'aujourd'hui, voyant l'insuccès de leurs efforts, ils essayent de tromper l'opinion publique et de faire croire que la guerre qu'ils ont ardemment souhaitée est une guerre « défensive. » Ils ne pourront se soustraire aux responsabilités qu'ils ont encourues. Tous ceux qui ont à cœur le progrès de la civilisation, sont aujourd'hui convaincus que la ruine de leurs doctrines est nécessaire pour assurer le triomphe de la liberté sur la tyrannie, le respect des faibles, le maintien des petites nationalités et la victoire du droit.

TABLE DES MATIÈRES

		Pages.
AVANT-PROPOS	. . . .	5
CHAPITRE I.	— L'Allemagne d'autrefois. Son évolution vers l'unité.	7
CHAPITRE II.	— Comment la philosophie allemande a préparé la voie au Pangermanisme.	17
CHAPITRE III.	— La formation de l'unité allemande. La Prusse et l'Autriche	29
CHAPITRE IV.	— Visées des pangermanistes sur les peuples voisins	44
CHAPITRE V.	— Le Pangermanisme et la question coloniale	55
CHAPITRE VI.	— Le Pangermanisme et l'expansion du commerce allemand.	63
CHAPITRE VII.	— Accroissement de l'armée et de la flotte.	69
CHAPITRE VIII.	— Le réveil des races. Lutte contre les Polonais, les Danois, les Alsaciens.	75

CHAPITRE IX. — Le Pangermanisme dans l'enseignement. 87

CHAPITRE X. — Les prétentions à l'hégémonie . . 103

CHAPITRE XI. — Les pangermanistes et la guerre. . 113

CONCLUSION 127

Coulommiers. — Imp. Dessaint et Cie, 41, rue de Melun.

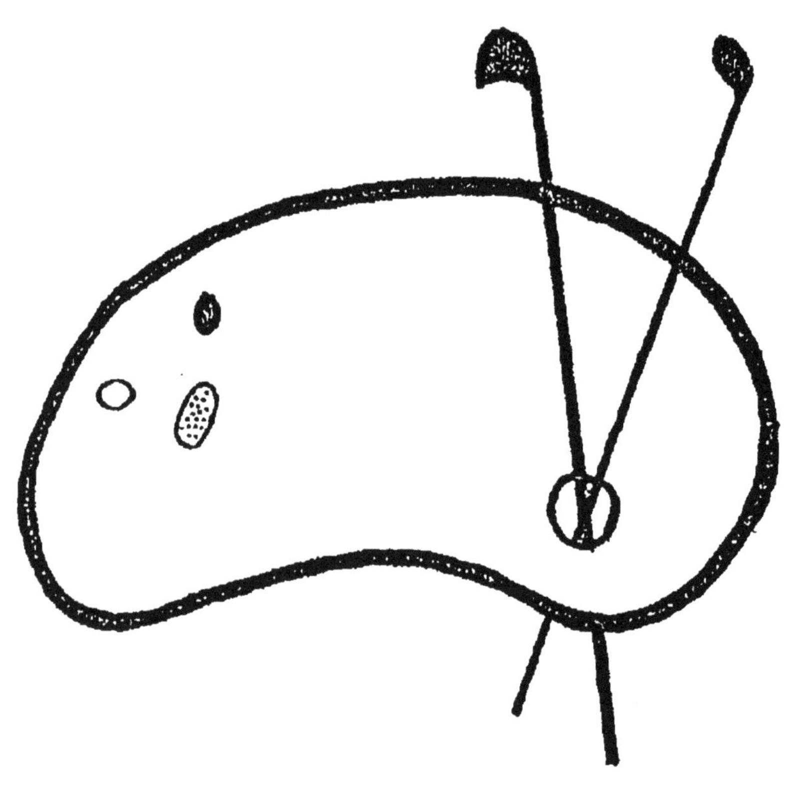

www.ingramcontent.com/pod-product-compliance
Ingram Content Group UK Ltd.
Pitfield, Milton Keynes, MK11 3LW, UK
UKHW020152200726
13856UKWH00003B/955

9 782013 543842